# PETIT CATÉCHISME LITURGIQUE

PAR

L'Abbé Henri DUTILLIET
du diocèse de Versailles

---

**Quatrième édition**

REVUE, CORRIGÉE ET AUGMENTÉE D'UN
**CATÉCHISME DU CHANT ECCLÉSIASTIQUE**
PAR A. VIGOUREL

Directeur du Chant et Maître des Cérémonies au
Séminaire Saint-Sulpice

---

**PRÉFACE**, PAR J.-K. HUYSMANS

## PARIS

J. BRICON, SUCCESSEUR DE SARLIT
19, RUE DE TOURNON, 19

---

PETIT

ATÉCHISME LITURGIQUE

B

# PETIT
# CATÉCHISME
# LITURGIQUE

PAR

L'Abbé Henri DUTILLIET
du diocèse de Versailles

**Quatrième édition**

REVUE, CORRIGÉE ET AUGMENTÉE D'UN

## CATÉCHISME DU CHANT ECCLÉSIASTIQUE

PAR A. VIGOUREL

Directeur du Chant et Maître des Cérémonies au
Séminaire Saint-Sulpice

**PRÉFACE**, PAR J.-K. HUYSMANS

> Je me tiendrai, Seigneur, auprès
> de votre autel, afin d'entendre
> chanter vos louanges et de racon-
> ter toutes vos merveilles.
> (Ps. xxv, 17.)

## PARIS

J. BRICON, SUCCESSEUR DE SARLIT

19, RUE DE TOURNON, 19

1895

Ce *catéchisme liturgique* a été approuvé par plusieurs Évêques parmi lesquels nous citerons N. N. S. S. les Évêques de Versailles, de Beauvais et de Verdun dont on trouvera plus loin les lettres d'approbation, et par Monseigneur de Ségur.

———

# PRÉFACE

*Que les gens qui ne pratiquent pas la religion catholique ignorent le langage, le costume, le geste, toute la symbolique de l'Église, cela se conçoit, mais ce qui est surprenant c'est que tant de fidèles, assidus aux offices, ne connaissent ni le sens détaillé des cérémonies qu'ils regardent, ni la signification des paroles et des chants qu'ils écoutent, ni même l'acception des divers ornements et des différentes couleurs dont le prêtre se sert, suivant les jours.*

*Combien en effet, de pieuses personnes auxquelles vous demanderez, par exemple pourquoi le « Gloria in excelsis Deo » est supprimé dans la messe qu'elles viennent d'entendre ou pourquoi le prêtre porte, à certains moments de l'année, une chasuble verte, vous répondront en ouvrant de grands yeux, qu'elles n'en savent rien;*

combien même sont capables de saisir, d'expliquer telle ou telle attitude de l'officiant alors qu'il célèbre le pacifiant mystère ; combien sont aptes à suivre en la méditant, la marche processionnelle des prières qui précèdent la consécration et qui, après le silence prosterné des ouailles, se relèvent avec elles pour accompagner le Sauveur en le remerciant, en le glorifiant, jusqu'à la fin du sacrifice ? Peu, je le crains. En somme, on peut l'avérer, l'ignorance de la Liturgie est chez presque tous les croyants des diocèses, complète.

Et pourtant cette question ne saurait être d'une vaine importance pour les catholiques.

Ainsi que Dom Guéranger l'a justement défini : « La Liturgie est l'ensemble des symboles, des chants et des actes au moyen desquels l'Église exprime et manifeste sa religion envers Dieu. » Ajoutons que l'ancien abbé de Solesmes la qualifie également de « prière considérée à l'état social. »

Et, en effet, après la prière individuelle, spéciale, comme celle que nous proférons chez nous ou en dehors des heures assignées, dans les chapelles, il existe la prière commune, générale, celle dont l'Église a précisé le moment et déterminé le texte. Celle-là ne doit pas être confondue avec l'autre et le catholique doit s'y associer, doit, lui aussi, la dire.

Or, s'acquitte-t-il de cette indispensable tâche celui qui, à l'église, ne sait ce que récite le prêtre dont la voix s'élève en son nom et au sien? je ne le crois pas. Ne peut-on dès lors prétendre que tout fidèle qui se confine dans des exorations purement privées et qui, faute d'avoir appris les rudiments nécessaires, se borne à répéter, sans y comprendre un seul mot, le texte français ou latin des offices, ne remplit qu'une partie de ses devoirs et se soustrait à l'autre?

Puis, sans cette préalable étude, forcément les exercices souvent longs du culte sont dénués d'intérêt pour ceux qui les écoutent. De là, vient que, pendant les services, tant de personnes ont l'air indifférent ou ennuyé, que d'autres se livrent à des oraisons personnelles dont ce n'est ni le temps, ni l'heure. Et il ne saurait en être autrement. Comment, en effet, se sentir l'âme étreinte, l'âme prise par un spectacle qui n'est plus qu'oculaire, par des suppliques devenues toutes labiales? l'on n'est pas chez soi en somme dans le sanctuaire, si l'on s'y trouve comme un étranger dans un pays dont il n'entend pas la langue.

Vraiment, ils ne soupçonnent guère le durable enchantement et la persistante émotion qu'ils éprouveraient à suivre l'aujour le jour admirable de l'Église, ceux qui, pour n'avoir pas tenté un léger effort, demeurent ignorants de la science des prières et des rites, car il faut pourtant bien qu'ils l'apprennent, il n'existe aucune monotonie dans les œuvres de notre Mère. Tout chez elle a un sens; rien n'est laissé à l'imprévu; aucun détail si minime qu'il soit, n'est inutile. Ah! l'Église! elle a su résumer des symboles entiers dans un signe, et elle a su développer aussi dans les plus amples périodes, dans les plus éloquentes proses, le moindre geste du Fils que nous ont conservé les Évangiles. Elle est immuable et elle est variée! Voyez son Propre du Temps, la surprenante diversité de ses séquences et de ses hymnes et songez à cette possibilité qu'elle nous donne, si nous la comprenons, de vivre avec elle, minutes par minutes, la vie du Christ, de marcher à ses côtés, de devenir, si misérables que nous soyons, les compagnons diligents d'un Dieu !

Puis, n'est-elle pas, l'admirable Liturgie, l'âme des édifices consacrés qui ne seraient sans elle que des corps inanimés de pierre ? N'est-elle pas encore l'encens mélodique et le parfum vocal de l'Église même ; n'est-elle pas enfin pour Notre Seigneur l'écho de sa propre voix ?

Aussi, quelle puissance elle peut départir à nos prières, en nous prêtant, dans la plupart de ses offices, les paroles inspirées par Dieu même. Elle sait extraire du Psautier tous les accents de nos douleurs et de nos joies, de nos adorations et de nos craintes : elle sait enrober, en quelque sorte nos souhaits personnels dans les vœux que formula pour l'humanité tout entière le Roi David ; elle nous fait parler au Tout Puissant sa langue, traduit magnifiquement nos pensées, les épure par ses moyens d'expression, exhausse, agrandit par son verbe, nos plaintes. Enfin elle touche Jésus en lui rappelant les phrases même dont celui qui le préfigura dans l'Ancien Testament, se servit. Et à nos oraisons ainsi présentées, s'allie, forcément, virtuellement, un amour, un respect infinis que nos suppliques particulières, énoncées selon nos seules ressources, dans notre pauvre langage, ne sauraient atteindre !

Mais alors, direz-vous, si la prière liturgique est si influente, si forte auprès de Dieu, pourquoi tant de chrétiens se privent-ils d'y participer utilement, alors qu'ils n'auraient qu'à ouvrir un livre qui les renseignerait, avant de se rendre à la Messe ou aux Vêpres ?

Ils seraient, en une seconde, instruits sur les symboles, sur le sens, sur le but des offices qu'ils vont suivre.

Ici, nous devons bien en faire l'aveu : les fidèles sont presque excusables de ne rien savoir ; car les volumes qui traitent de la Liturgie sont pour la plupart, de gros livres bordés de manchettes, bourrés de renvois et de notes, difficiles à comprendre pour des gens sans grande instruction et, qui plus est, ils valent fort cher.

D'autre part, les quelques abrégés qui traitent de cette science sont si indigents qu'ils ne valent même point qu'on les lise.

Ce qu'il faudrait, ce serait un petit ouvrage de format commode, coûtant très bon marché, écrit dans un style lucide et presque naïf, et contenant et expliquant par le menu, très clairement, très nettement, les cérémonies de l'Église, divulguant chacune de leurs allégories, chacun de leurs emblêmes, définissant les termes techniques, indiquant les causes et le sens des antiennes et des proses prescrites, à certains jours, publiant la signification même des objets qui servent aux besoins du culte ; il faudrait, en un mot, un livre très substantiel et très court, permettant au lecteur de trouver, en une minute, la réponse aux questions qu'il voudrait résoudre.

Or, ce livre existe ; c'est celui-ci.

Je le découvris, un jour de flâne, sur les quais. J'étais las de pêcher avec mes doigts des épaves de papier dans la poussière des boîtes; tout ce que je rapportais n'était qu'un affligeant fretin; j'allais partir quand une plaquette enfouie sous un tas de tomes dépareillés m'attira. Elle était imprimée avec des caractères sans gloire sur un papier sans faste et elle portait ce titre : « Petit Catéchisme Liturgique » par l'abbé Henri Dutilliet.

Je l'achetai, ne comptant guère avoir profité d'une aubaine, mais réjoui par cette satisfaction que tout bouquineur éprouve lorsqu'il ne rentre pas au logis, les mains vides.

Une fois installé chez moi, j'ouvris ce petit livre et, à mesure que je le lisais, je m'émerveillais de la science condensée en ses minuscules pages. Je voyais se déroulant en un ordre méthodique, les explications les plus complètes et les plus aisées à comprendre, même pour un enfant, de toutes les observances pieuses. Il y avait comprimée, sous un mince volume, à l'état de pâte essentielle, de pulpe, la matière d'énormes in-folios et vraiment j'admirai le travail de l'excellent prêtre qui avait osé entreprendre et réussi à mener à bonne fin une pareille tâche.

Je montrai ce catéchisme à des ecclésiastiques experts en ces questions et, eux aussi, l'admirèrent. D'autres personnes à qui j'en parlai voulurent l'acquérir; mais il était épuisé depuis des années, introuvable.

L'auteur était mort; l'éditeur ne possédait aucun exemplaire; l'on ne savait à qui s'adresser pour dénicher des restes de tirage peut-être égarés dans des fonds de province ou perdus dans les étalages au rabais des villes.

En désespoir de cause, et convaincus que ce volume était appelé à rendre service aux fidèles et même aux simples curieux de la liturgie et de l'art, nous résolumes de le faire reparaître.

La nouvelle édition que nous en donnons a été revue par le savant professeur de Liturgie et de plain-chant du grand séminaire de Saint-Sulpice. Il y a ajouté un petit catéchisme de plain-chant qui manquait dans les éditions précédentes et dont la nécessité s'impose maintenant que les

*Bénédictins ont ressuscité cette véritable musique de l'Église, si malheureusement altérée parfois par de fausses notations et, plus malheureusement encore, si souvent remplacée, dans tant d'églises, en France, par de la musique de théâtre et des chants profanes.*

*Ce petit livre est donc aussi complet qu'il peut être. Tel qu'il se présente, il me parait en tout cas amplement suffire aux besoins des personnes qui, n'ayant, ni le désir, ni le temps de se livrer à des études spéciales sur la Liturgie, veulent au moins être assez renseignées pour pouvoir intelligemment suivre des offices auxquels l'Église leur enjoint d'assister.*

J.-K. HUYSMANS.

# A MARIE IMMACULÉE

## O MARIE

Vierge conçue sans péché, Mère de notre Dieu et Seigneur Jésus-Christ, daignez agréer l'hommage que vous fait, du premier de ses faibles travaux, un de vos plus dévoués enfants.

H. DUTILLIET.

8 décembre 1859, fête de l'*Immaculée-Conception de la T-S. V. Marie.*

# APPROBATIONS

## Approbation de M^gr l'Évêque de Versailles

J'ai lu, par l'ordre de Monseigneur l'Évêque de Versailles, le manuscrit intitulé : *Petit Catéchisme Liturgique, ou Courte Explication des principales cérémonies de l'Église Romaine, à l'usage des Fidèles,* et je n'y ai rien trouvé que de conforme à la doctrine de l'Église et aux règles de la Liturgie. Bien plus, ce petit ouvrage, sous son titre modeste, offre de précieuses instructions, pour les enfants, pour tous les fidèles, et même pour les ecclésiastiques. Il expose la raison des Cérémonies saintes, et il est très-propre à entretenir la piété en faisant pénétrer le sens de toutes les parties de la Liturgie.

Versailles, le 16 octobre 1859.

BERTRAND,
Chanoine de la Cathédrale.

Imprimatur,
Versaliis die 16 octobris 1859.
† PIERRE, év. de Versailles.

## Approbation de M<sup>gr</sup> l'Évêque de Beauvais

---

Évêché de Beauvais, 30 novembre 1867.

MONSIEUR L'ABBÉ,

Un rapport très-favorable m'a été présenté sur votre *Catéchisme Liturgique*. Je connaissais déjà la première édition de cet ouvrage. Il m'avait paru excellent et vraiment utile. Je vous avais engagé à le perfectionner, ce que vous avez fait avec succès.

Je bénis donc de grand cœur cette nouvelle édition ; je désire qu'elle se répande parmi les fidèles souvent trop ignorants en matière de liturgie, et je le recommanderai volontiers au clergé de mon diocèse.

Recevez, monsieur l'abbé, avec mes félicitations, l'assurance de mes sentiments dévoués en N. S.

† JOSEPH-ARMAND
Évêque de Beauvais, Noyon et Senlis.

*

## Approbation de M<sup>gr</sup> l'Évêque de Verdun.

Le *Petit Catéchisme Liturgique à l'usage des Fidèles,* est le fruit de sérieuses recherches et il est rédigé avec autant de méthode que de précision. Ses documents puisés aux meilleures sources liturgiques en font un livre aussi utile aux ecclésiastiques qu'aux laïcs eux-mêmes. Par la lecture attentive de cet ouvrage, les fidèles ne seront plus étrangers à l'intelligence de nos fêtes religieuses, de nos cérémonies et de tous les détails de notre culte ; et comme ils en connaîtront l'origine, la sainteté, la dignité, ils apprécieront, ils aimeront pour elles-mêmes des pratiques et des observances qu'ils respectaient sans les comprendre suffisamment.

Nous recommandons ce travail intéressant et à ceux qui enseignent et à ceux qui veulent s'instruire.

† AUGUSTIN, Évêque de Verdun.

Verdun, 19 décembre 1867.

# AU LECTEUR

La connaissance de la religion, cher lecteur, est, vous ne l'ignorez pas, une chose
bien importante : et vous savez aussi que
cette connaissance est une chose bien
consolante. Plus on étudie cette religion
toute divine, plus on l'aime, et plus on
veut s'instruire des touchantes vérités
qu'elle nous enseigne.

L'Église ne nous instruit pas seulement
par la doctrine solennelle et sentencieuse
du Catéchisme et de la Prédication ; elle
le fait encore par ses chants, ses cérémonies et ses fêtes. — Pour retirer de ces
moyens employés par l'Église tout le fruit
qu'elle en attend, nous avons besoin de
nous instruire du sens qu'elle y attache,
nous avons besoin d'apprendre ce langage
qu'elle nous parle tous les jours pour nous
porter à Dieu.

Ce petit livre est fait pour aider les pieux
fidèles dans leur bon désir de s'instruire.
Il ne contient pas de grandes phrases : il

est simple et explique en peu de mots le sens des fêtes, le sens des cérémonies et des chants de l'Église notre mère.

Ce court traité comprend trois parties :

La première, traite des objets qui servent au culte que rend à Dieu la sainte Église.

La seconde, traite du saint Sacrifice de la Messe, de l'Office divin et de quelques applications particulières de la Liturgie.

La troisième, traite des fêtes de l'Église qui se trouvent tant dans le Propre du Temps que dans le Propre des Saints.

Enfin nous y ajoutons, sous forme d'appendice, quelques notions sur les cérémonies les plus remarquables des fonctions pontificales.

Puisse ce petit livre, cher lecteur, vous faire aimer les saintes Solennités de l'Église, en vous découvrant une partie de leurs mystérieuses significations ! — Puisse-t-il tourner à la gloire de Dieu et au salut de votre âme ! — S'il vous fait quelque bien, priez pour celui qui l'a écrit.

H. DUTILLIET.

# PETIT CATÉCHISME LITURGIQUE

## NOTIONS PRÉLIMINAIRES.

1. D. *Qu'est-ce que la liturgie ?*

R. On appelle ainsi l'ensemble des usages et des cérémonies de l'Église, et des prières dont elle se sert dans l'accomplissement des diverses fonctions ecclésiastiques.

2. D. *Est-il utile aux simples fidèles d'avoir quelque connaissance de la liturgie ?*

R. Oui, sans doute, puisque toutes ces choses ont été établies par l'Église pour les porter à la piété, et qu'elles deviennent inutiles pour ceux qui n'en comprennent pas le sens.

3. D. *Y a-t-il plusieurs liturgies dans l'Église ?*

R. Il y en a plusieurs approuvées, par exemple, celles des Orientaux. En France, au commencement de ce siècle, presque chaque diocèse avait sa liturgie particulière. Tous sont revenus peu à peu à la liturgie romaine, en conservant cependant quelques usages locaux.

4. D. *Qu'est-ce donc que la liturgie romaine ?*

R. On peut dire que c'est l'ensemble des prières et des cérémonies que pratique l'Église romaine, et qu'elle a prescrites dans l'exercice du culte public rendu à Dieu.

5. D. *Qu'est-ce que le rit romain ?*

R. C'est l'ordre d'office spécial à l'Église romaine.

6. D. *Quel avantage y a-t-il à suivre le rit romain ?*

R. En suivant le rit romain, on est plus véritablement uni de prières à l'Église mère et maîtresse de toutes les autres, on fait un acte plus parfait d'obéissance au Saint-Siège, et l'on participe sûrement à toutes les faveurs spirituelles attachées par l'Église à un grand nombre des prières ou cérémonies de son culte public.

7. D. *Quelle est la langue de l'Église Romaine ?*

R. C'est la langue latine.

8. D. *Pourquoi l'Église prie-t-elle en latin dans ses offices publics ?*

R Afin que tous ceux qui ont une même

croyance, prient et expriment leur foi dans un même langage.

9. D. *Par quel moyen les fidèles qui ne comprennent pas le latin, peuvent-ils s'édifier dans les offices de l'Église?*

R. En suivant les prières dans les livres où se trouvent le latin et le français qu'ils peuvent lire de temps en temps tout en s'unissant aux chants du chœur.

# PREMIÈRE PARTIE

## DES OBJETS
## QUI SERVENT AU CULTE DIVIN

## CHAPITRE I<sup>er</sup>

### MONUMENTS ET MOBILIER LITURGIQUES

§ I<sup>er</sup>

**Des livres liturgiques**

10. D. *Qu'appelle-t-on* LIVRES LITURGIQUES?

R. On appelle ainsi les livres qui contiennent les règles des cérémonies et les formules des prières de l'Église.

11. D. *Quels sont les principaux?*

R. Il y en a six : le BRÉVIAIRE, le MISSEL, le RITUEL, le PONTIFICAL, le CÉRÉMONIAL DES ÉVÊQUES et le MARTYROLOGE.

12. D. *Qu'est-ce que le Bréviaire?*

R. Le Bréviaire est le livre qui contient l'office divin, tel qu'il doit être récité par les prêtres, les religieux et les religieuses.

13. D. *Qu'est-ce que le Missel ?*

R. C'est le livre qui contient les prières du saint sacrifice de la Messe, à l'usage des prêtres qui le célèbrent.

14. D. *Qu'est-ce que le Rituel ?*

R. C'est un livre qui contient les prières et les cérémonies employées dans l'administration des sacrements ou dans quelques autres fonctions ecclésiastiques, telles que les processions et les bénédictions.

15. D. *Qu'est-ce que le Pontifical ?*

R. C'est le livre qui contient l'ordre de toutes les fonctions ecclésiastiques propres seulement aux Évêques.

16. D. *Qu'est-ce que le cérémonial des Évêques ?*

R. C'est un livre qui contient l'ordre des cérémonies dans les cathédrales et dans les églises collégiales, c'est-à-dire dans les églises où il y a un évêque ou des chanoines.

17. D. *Qu'est-ce que le Martyrologe ?*

R. C'est un livre où sont inscrits (selon le jour de leur fête) les noms des martyrs et autres saints et aussi l'annonce des principales fêtes de l'année.

18. D. *Quels livres liturgiques les fidèles ont-ils entre les mains, dans les offices de l'Église ?*

R. Ce sont des extraits du Bréviaire, du Missel et du Rituel, qui prennent les noms d'Eucologe ou paroissien, paroissien complet, petit paroissien, selon qu'ils sont plus ou moins abrégés.

19. D. *Quel usage les fidèles doivent-ils faire de ces livres ?*

R. Ils doivent les traiter avec un grand respect et les parents chrétiens doivent inspirer ce sentiment à leurs enfants, leur représentant que ces livres contiennent les prières de l'Église, et leur apprenant de bonne heure à suivre l'office.

## § II

### Des lieux consacrés au culte

20. D. *Quel nom donne-t-on aux monuments où l'on célèbre ordinairement les fonctions du culte catholique ?*

R. On les appelle Églises.

21. D. *Que veut dire ce mot Église ?*

R. Par lui-même, ce mot veut dire ASSEMBLÉE, mais appliqué aux temples chrétiens, il veut dire le lieu de l'assemblée des fidèles.

22. D. *Quels sont les lieux attenants à l'Église ?*

R. Ce sont : la SACRISTIE, le CIMETIÈRE et

quelquefois L'ÉVÊCHÉ, le CLOITRE et le PRES-
BYTÈRE.

23. D. *Qu'est-ce que la sacristie ?*

R. C'est un appartement, attenant à l'Église,
lequel sert à renfermer les vases sacrés, les
ornements des ministres, le linge de l'Église et
en général tous les objets consacrés au culte.

24. D. *Que doit-on observer dans les sacristies ?*

R. On doit y garder le silence, ou au moins
y parler à voix basse, parce que la sacristie
fait partie de l'Église, et qu'il peut se faire que
Notre-Seigneur y réside corporellement dans
quelque parcelle d'hostie restée dans les linges
sacrés.

25. D. *Qu'est-ce que le cimetière ?*

R. Le cimetière est un petit champ qui entou-
rait autrefois les Églises comme on le voit
encore dans bien des campagnes. Les anciens
auteurs l'appellent parfois DORMITORIUM, dor-
toir, parce que c'est là que nous allons tous
nous reposer dans la paix de Dieu en attendant
la résurrection des corps.

26. D. *Comment doit-on se conduire dans les
cimetières ?*

R. Avec beaucoup de respect. On n'y doit
pas courir, ni parler sans nécessité, et l'on ne
doit pas s'y promener la tête couverte si le
temps le permet.

27. D. *Pourquoi cela ?*

R. Par respect pour les croix, pour la dé-pouille des chrétiens qui y sont ensevelis, et, parce que c'est une terre sanctifiée par les prières de l'Église.

28. D. *Qu'est-ce que l'Évêché ?*

R. C'est le palais de l'Évêque.

29. D. *Qu'est-ce que le Cloître ?*

R. On donnait souvent ce nom aux bâtiments qu'habitaient les chanoines qui n'en sortaient que pour aller à l'Église (c'est ce qu'on appelle être cloîtré). — Dans le cloître étaient encore comprises quelquefois la Sacristie et la Maî-trise des enfants de chœur, c'est-à-dire l'endroit où des MAITRES les élevaient.

30. D. *Qu'est-ce que le Presbytère ?*

R. Le Presbytère (maison des vieillards), est la demeure du curé et quelquefois de tous les prêtres de la paroisse.

31. D. *Pourquoi l'appelle-t-on ainsi ?*

R. Parce que, dans la loi de Jésus-Christ, comme dans la loi de Moïse, les prêtres sont par la grandeur de leurs fonctions comme les Anciens et les Sages du peuple de Dieu.

32. D. *Qu'appelez-vous Églises Cathédrales ?*

R. Ce sont les Églises où il y a un évêque.

33. D. *Pourquoi les appelle-t-on ainsi ?*

R. Ce nom leur vient du mot latin CATHE-

DRA, qui veut dire CHAIRE, parce qu'autrefois il n'y avait de chaire que dans l'Église de l'Évêque, la seule où l'on prêchât au peuple la parole de Dieu. Aujourd'hui il y a pour l'Évêque dans ces Églises, un trône fixe que l'on appelle la CHAIRE EPISCOPALE.

34. D. *Qu'appelez-vous Collégiale ?*

R. On appelle ainsi une Église desservie par des chanoines qui y chantent tous les jours l'office. Collégiale vient du mot COLLEGIUM, RÉUNION DE PLUSIEURS PERSONNES. Telles étaient, chez nous, l'Église de l'ancienne abbaye de Saint-Denis en France, l'Église de Sainte-Geneviève, à Paris, et telle est encore l'Église de Notre-Dame de Fourvière, à Lyon.

35. D. *Qu'est-ce qu'une Église paroissiale ?*

R. C'est une Église qui n'a pas d'Évêque, ni de chanoines, mais qui est tenue par un ou plusieurs prêtres, pour le service de la paroisse qui en dépend. Si l'Évêque réside sur cette paroisse, elle est tout à la fois Église paroissiale et Cathédrale.

36. D. *Qu'appelle-t-on Oratoire ?*

R. On donne ordinairement ce nom à une petite chapelle, destinée seulement à la prière particulière, où l'on ne célèbre pas la sainte messe.

37. D. *Qu'appelez-vous le sanctuaire dans une Église?*

R. Le sanctuaire est l'endroit le plus saint d'une Église : C'est le lieu où se trouve le Maître-Autel, et où s'accomplissent les plus saintes fonctions du culte chrétien, comme le saint Sacrifice de la Messe et l'exposition du Très-Saint-Sacrement. — C'est la place des ministres de l'autel. On y voit aussi du côté de l'Évangile, dans les Cathédrales, le trône de l'Évêque.

38. D. *Qu'est-ce que le Chœur?*

R. C'est l'endroit le plus rapproché du sanctuaire, où se tiennent pendant l'office, les prêtres, les clercs, les chantres et les enfants de chœur ; en un mot tous ceux qui, par le droit de leur ordre ou par privilège, remplissent quelques fonctions dans les cérémonies de l'Église.

39. D. *Qu'est-ce que les chapelles qu'on voit en assez grand nombre dans certaines Églises?*

R. Ce sont autant de petits sanctuaires placés sous l'invocation de quelque Saint, où l'on célèbre au besoin le saint Sacrifice, et où sont le plus souvent placés les confessionnaux.

40 D. *N'y en a-t-il pas toujours une plus remarquable que les autres?*

R. Oui, c'est la chapelle de la Sainte Vierge.

**41. D.** *Pourquoi dans toutes les Églises a-t-on élevé un autel en l'honneur de Marie ?*

R. Parce que la Sainte-Vierge est la mère de tous les chrétiens, et qu'après Jésus-Christ, nous n'avons au ciel et sur la terre rien de plus cher que cette bonne Mère.

**42. D.** *Qu'est-ce que la nef ?*

R. La nef est la partie de l'Église qui s'étend depuis la porte principale jusqu'à l'entrée du chœur.

**43. D.** *Qu'est-ce que les bas-côtés ?*

R. On appelle ainsi dans les grandes Églises les nefs qui avoisinent la nef principale. Tous les fideles s'y placent indistinctement comme dans la grande nef. (Il est bon d'observer ici qu'autrefois un côté de l'Église était réservé aux hommes, et un autre aux femmes ; cette louable habitude est encore observée dans plusieurs paroisses.)

**44. D.** *Qu'est-ce que le parvis ou portail ?*

R. On donne ce nom à la grande entrée d'une Église. — C'est là que l'on fait pour les enfants (si c'est possible) les cérémonies qui précèdent le Baptème, que l'on bénit le feu nouveau, le Samedi Saint, etc., que l'on reçoit et que l'on complimente l'Évêque ou le Souverain lorsqu'ils visitent une ville.

45. D. *Qu'est-ce que le clocher?*

R. C'est la tour dans laquelle sont renfermées les cloches.

46. D. *Qu'est-ce donc que les cloches?*

R. Les cloches sont des instruments métalliques dont l'Église se sert pour appeler les fidèles à ses offices ou à ses cérémonies.

47. D. *Doit-on du respect aux cloches?*

R. Oui, car l'Église qui les destine à appeler ses enfants dans le lieu saint, les a séparées des choses profanes par une bénédiction particulière et même par une consécration solennelle réservée à l'Évêque.

48. D. *Quel nom donne-t-on à la bénédiction des cloches?*

R. On l'appelle vulgairement BAPTÊME DES CLOCHES, sans doute parce qu'on y lave la cloche avec de l'eau bénite, que l'on y fait des onctions d'huile sainte, et enfin qu'on lui donne un ou plusieurs noms, d'où vient probablement l'usage de donner aux cloches un parrain et une marraine. — Toutefois, le véritable nom de cette cérémonie est celui de BÉNÉDICTION.

49. D. *Comment un chrétien doit-il considérer la cloche?*

R. Comme la voix de Dieu et de l'Église; elle lui rappelle ses devoirs, en l'appelant à la prière ; son exil sur la terre en lui annonçant la mort ou les funérailles de quelqu'un de ses semblables, mais elle lui rappelle aussi le souvenir des joie chrétiennes : son baptême, sa première communion, la visite de son Évêque, et en un mot, toutes les circonstances solennelles de sa vie.

## § III

### Du Mobilier des Églises.

50. D. *Quel est, dans le mobilier des Églises, l'objet le plus vénérable ?*

R. C'est l'autel.

51. D. *Qu'appelez-vous ainsi ?*

R. On appelle ainsi la table où s'offre tous les jours le saint Sacrifice ?

52. D. *Quelle est la forme de l'autel ?*

R. Quelquefois il a la forme d'une table portée sur des colonnes ; mais le plus souvent la forme d'un tombeau, parce qu'autrefois on offrait le saint Sacrifice sur les tombeaux des martyrs.

53. D. *Qu'est-ce que l'Église a conservé de cette coutume ?*

R. L'usage de placer des reliques des saints

dans la pierre d'autel. — L'endroit où se placent ces reliques s'appelle le sépulcre.

54. D. *Qu'est-ce qu'un autel fixe ?*

R. C'est une grande table de pierre fixée avec ou sans maçonnerie, laquelle perd sa consécration si on la déplace. — Cet autel doit être consacré sur place par un évêque.

55. D. *Qu'est-ce qu'un autel portatif ?*

R. C'est un autel plus petit ou une pierre consacrée, justement assez grande pour pouvoir y célébrer le saint Sacrifice, et que l'on enchâsse dans un autel en bois ou de toute autre matière. — Ces pierres peuvent être déplacées sans perdre leur consécration.

56. D. *Tout le monde peut-il toucher à la pierre d'autel ?*

R. Non, il n'y a que les ecclésiastiques dans les ordres sacrés, parce que ces pierres ont été consacrées et non pas seulement bénites.

57. D. *L'autel n'est-il pas élevé ?*

R. Oui, il doit être élevé de trois degrés au moins au-dessus de la nef, afin que les fidèles puissent voir le prêtre à l'autel et s'unir à ses prières et aux cérémonies de la sainte Messe.

58. D. *Quels sont les accessoires de l'autel ?*

R. Ce sont : le TABERNACLE, la CROIX, les

CHANDELIERS, les LAMPES, les NAPPES, et la TABLE DE COMMUNION.

59. D. *Qu'est-ce que le Tabernacle ?*

R. Le Tabernacle, selon la signification du mot, est une petite tente ou pavillon, placée au milieu et au fond de l'autel, et servant uniquement à renfermer la sainte Eucharistie.

60. D. *Comment doit être fait le Tabernacle ?*

R. Les règles actuelles de la discipline de l'Église exigent qu'il soit de marbre, de bois, de bronze doré à l'extérieur, et de plus recouvert d'un pavillon blanc, garni à l'intérieur d'une étoffe de soie blanche, parce que c'est la couleur employée pour tout ce qui concerne le Saint-Sacrement. — Il est bon d'observer ici que TOUS, prêtres et laïques doivent faire la génuflexion en passant devant le Tabernacle où réside la sainte Eucharistie.

61. D. *Quel est le but de l'Église dans tous ces règlements ?*

R. C'est de témoigner sa profonde vénération pour le Très-Saint-Sacrement de l'autel qui ne peut être conservé avec trop de respect.

62. D. *Qu'avez-vous à nous dire de l'*EXPOSITOIRE *ou* EXPOSITION ?

R. C'est un petit trône de soie blanche, ou une petite niche de bois ou de bronze doré que l'on place sur le Tabernacle, lorsqu'on doit exposer le Saint-Sacrement à l'adoration des fidèles. Ce trône ne peut servir que pour exposer le Saint-Sacrement, et non des reliques, pas même celle de la vraie Croix.

63. D. *Le Tabernacle est-il une partie essentielle de l'autel ?*

R. Non, il ne devrait même y en avoir qu'un seul dans chaque Église, au maître-autel, ou deux au plus, c'est-à-dire l'un au maître-autel et l'autre dans la chapelle particulière où l'on conserve la sainte Eucharistie.

64. D. *Puisque nous en sommes sur ce point, où doit-on conserver le Saint-Sacrement ?*

R Dans les petites Églises, il est plus convenable que ce soit au maître-autel, parce que c'est ordinairement le plus beau et le plus digne ; mais dans les Cathédrales on préfère que ce soit dans une chapelle particulière, afin que l'ordre des cérémonies ne soit pas troublé, et aussi, parce que, dans certaines fonctions, l'Évêque doit être assis le dos tourné à l'autel, ce qui deviendrait inconvenant si le Saint-Sacrement y résidait.

65. D. *A quelle marque reconnaîtriez-vous dans une Église l'autel où réside le Saint-Sacrement ?*

R. Aux lampes ou au moins à une lampe qui doit y brûler jour et nuit.

66. D. *Comment doit être placée cette lampe?*

R. S'il n'y a qu'une lampe elle doit être placée devant l'autel et non sur le côté afin qu'elle paraisse comme la sentinelle d'honneur placée à la porte du palais du Roi des rois.

67. D. *Que signifie cette lampe?*

R. Elle exprime l'ardeur de notre foi et de notre amour pour Jésus-Christ, et le désir que nous aurions de pouvoir jour et nuit faire la garde auprès de son tabernacle.

68. D. *Quels sont les autres accessoires de l'autel?*

R. Ce sont le crucifix et les chandeliers.

69. D. *Comment doit être ce crucifix?*

R. Il doit être placé sur le milieu de l'autel ou sur le tabernacle, s'il y en a un; et assez grand pour être vu de tout le peuple. Ce doit être un crucifix et non pas seulement une croix.

70. D. *Quelle différence y a-t-il donc entre une croix et un crucifix?*

R. C'est que la croix représente seulement l'image du bois sacré de notre salut; tandis que le crucifix est la croix portant l'image de Notre-Seigneur crucifié.

71. D. *Pourquoi l'Église veut-elle qu'on place un crucifix sur l'autel ?*

R. Pour nous rappeler que c'est par le sacrifice de la croix, qui est renouvelé sur l'autel, que Jésus-Christ nous a rachetés.

72. D. *D'où vient dans l'Église l'usage des cierges et des lampes ?*

R. Cet usage remonte à l'origine du christianisme. Ce n'est pas seulement par nécessité qu'on s'est servi de lumière, mais aussi pour honorer nos saints mystères et rappeler aux fidèles, disent les saints docteurs, qu'ils doivent toujours se montrer les vrais disciples de Celui qui fut LA LUMIÈRE DU MONDE.

73. D. *Pourquoi y a-t-il des chandeliers avec des cierges près de la croix à l'autel ?*

R. Pour l'honneur et la vénération de l'adorable sacrifice.

74. — D. *Quel en est le nombre ordinaire ?*

R. Ils doivent être au nombre de six, et on doit en ajouter un septième derrière la croix lorsque l'Évêque officie pontificalement pour marquer sans doute la plénitude du sacerdoce qu'il a reçue dans la consécration épiscopale.

75. D. *De quelle matière doivent être les cierges ?*

R. De cire d'abeille, et jamais de stéarine.

*76. Que doit-on brûler dans les lampes ?*
R. De l'huile.

*77.* D. *Quelle est la raison de ce choix de l'Église ?*
R. C'est la nature et la signification de ces deux matières. La cire tirée du miel des abeilles, l'huile extraite de l'olive sont deux matières précieuses, que l'Église a jugées dignes d'être employées dans son culte. La CIRE par sa blancheur et l'éclat de sa lumière représente la pureté et la charité qui doivent orner nos cœurs, et l'HUILE la force et la douceur du vrai chrétien.

*78.* D. *Qu'est-ce que les torches ou flambeaux ?*
R. On donne ce nom à de gros cierges à trois ou quatre mèches, que l'on porte près du Saint-Sacrement dans les processions, et au moment de l'élévation ou de la bénédiction du Saint-Sacrement.

*79.* D. *Quel est le but des lustres et des candélabres ?*
R. Ils servent à supporter un plus grand nombre de bougies que l'on allume dans les fêtes solennelles. L'Église veut par là montrer son allégresse et nous exciter à une plus grande ferveur; c'est là le but de toutes les solennités de notre sainte religion.

80. D. *Qu'appelez-vous table de communion ?*

R. On donne ce nom à la balustrade qui ferme ordinairement le sanctuaire et devant laquelle les fidèles s'agenouillent pour recevoir la sainte communion.

81. D. *N'y a-t-il pas d'autres objets particuliers au sanctuaire et au maître-autel ?*

R. Oui, ce sont pour l'office public, la crédence, le banc des ministres sacrés, le trône de l'Évêque (s'il y a lieu) et le chandelier pascal dans le temps de Pâques.

82. D. *Qu'est-ce que la crédence ?*

R. C'est une table que l'on place à droite dans le sanctuaire pour le service de l'autel pendant le saint Sacrifice.

83. D. *Donnez-nous quelques détails sur la crédence ?*

R. La crédence doit être entièrement couverte d'une nappe blanche pendante ; on y dépose tous les objets nécessaires à la messe solennelle, le calice tout préparé, le missel pour l'Évangile, les burettes, l'encensoir, l'instrument de paix, et aux deux extrémités, les chandeliers des acolytes avec leurs cierges. Si l'office est pontifical, on y dépose les mitres, les vases aux saintes huiles et tous les objets nécessaires pendant la fonction ; on peut regarder la crédence comme la sacristie du sanctuaire.

C'est près de cette crédence que demeurent les acolytes pendant toute la messe afin d'être prêts à servir les ministres sacrés.

84. D. *Qu'appelez-vous banc des ministres ?*

R. C'est une banquette de bois recouverte d'une étoffe de la couleur des ornements sur laquelle s'asseyent, quand il y a lieu, à la Messe ou aux Vêpres, le célébrant, le diacre et le sous-diacre. Elle doit être à droite de l'autel et disposée sans aucune marche sur un tapis.

85. D. *De quoi se compose et où se place le trône de l'Évêque ?*

R. Ce trône est un fauteuil élevé sur trois degrés et surmonté de draperies. Il est nécessaire quand un Évêque officie pontificalement, et se place du côté de l'Évangile.

86. D. *Qu'appelez-vous chandelier pascal ?*

R. C'est un grand chandelier que l'on place par terre, dans le sanctuaire au côté de l'Évangile pour y déposer le cierge pascal depuis le Samedi Saint jusqu'au jour de l'Ascension.

87. D. *Qu'est-ce que la chaire ?*

R. C'est une petite tribune placée ordinairement au milieu de la grande nef : c'est de la chaire, pour être mieux entendus de tous, que les prêtres annoncent aux fidèles les jeûnes, les fêtes, et les cérémonies de chaque semaine, qu'ils font la lecture de l'Évangile et enfin les Instructions.

88. D. *Qu'appelez-vous fonts baptismaux ?*

R. On donne ce nom à une petite fontaine placée le plus souvent dans une chapelle particulière. Cette fontaine contient l'eau bénite pour le Baptême, et c'est aux fonts qu'on administre ce sacrement.

89. D. *N'y a-t-il pas dans les fonts ce qu'on appelle la piscine ?*

R. Oui, c'est un bassin creusé sous terre et où tombe, par un petit trou pratiqué dans les fonts, l'eau que l'on a versé sur la tête de l'enfant. On y jette également l'eau qui a servi à laver les linges sacrés, lorsqu'il n'y a pas dans l'Église une autre piscine réservée à cet usage.

90. D. *Qu'est-ce qu'un confessionnal ?*

R. On appelle ainsi le saint tribunal de la pénitence, parce que l'on y va CONFESSER ses péchés.

91. D. *Qu'est-ce que les stalles ?*

R. On appelle STALLES les sièges séparés qui sont placés sur un ou plusieurs rangs de chaque côté du chœur des Églises.

92. D. *Qu'appelle-t-on banc de l'œuvre ?*

R. C'est un banc d'honneur où se placent les marguilliers des paroisses. — Le clergé y prend place aussi pour le sermon, car ce banc fait presque toujours face à la chaire.

93. D. *Qu'est-ce que les orgues ?*

R. On appelle ainsi un appareil plus ou moins compliqué de tuyaux harmonieux animés par l'air comprimé et dirigé au moyen des touches du clavier, par la main d'un musicien.

94. D. *Quelle remarque peut-on faire sur cet admirable instrument ?*

R. C'est qu'il est propre aux Églises, et les flots d'harmonie qu'il répand dans le lieu saint, doivent nous rappeler, par leur éclat et leur gravité, les chants si majestueux, si suaves et si pleins de délices que les anges et les bienheureux font entendre devant le trône de l'Éternel.

## § IV

### Des vases et ustensiles sacrés.

95. D. *Quels sont les vases liturgiques ou sacrés ?*

R. Ce sont : le CALICE, la PATÈNE, le CIBOIRE, la CUSTODE et l'OSTENSOIR.

96. D. *Qu'est-ce que le Calice ?*

R. C'est le vase sacré, la coupe où se fait la

consécration du vin changé au précieux sang de Notre-Seigneur dans le saint Sacrifice.

97. D. *Qu'est-ce que la Patène ?*

R. C'est une sorte de petite assiette qui sert à recevoir la Sainte-Hostie.

98. D. *Quelle est la matière de ces deux vases sacrés ?*

R. Selon les règles de l'Église ils doivent être d'or, ou s'ils sont d'argent, ils doivent être dorés au dedans.

99. D. *Que faut-il pour que l'on puisse s'en servir au Saint-Sacrifice ?*

R. Il faut qu'ils aient été consacrés par l'Évêque ?

100. D. *Qu'est-ce que le Ciboire ?*

R. Le Ciboire est un vase où l'on conserve les Saintes Hosties pour la communion des fidèles. Lorsqu'il contient les saintes Espèces, il doit être revêtu d'un pavillon de soie blanche, de drap d'or ou d'argent.

101. D. *Qu'est-ce que la Custode ?*

R. C'est une petite boîte d'or ou d'argent doré, à double verre, dans laquelle on renferme la Sainte-Hostie, afin de la placer ainsi dans l'Ostensoir, sans crainte de la briser. Ce mot *custode* vient du verbe latin *custodire* qui veut dire *garder*.

102. D. *Qu'est-ce que l'Ostensoir?*

R. L'OSTENSOIR, qui vient du mot latin qui veut dire *montrer*, est un vase ou plutôt un ustensile sacré qui sert à exposer visiblement la Sainte-Hostie à l'adoration des fidèles. — On l'appelait autrefois la monstrance.

103. D. *Le Ciboire, la Custode et l'Ostensoir sont-ils consacrés?*

R. Non, ils sont seulement bénits par l'évêque ou par un prêtre qui en a reçu le pouvoir de l'Évêque.

104. D. *Est-il permis aux fidèles de toucher à ces vases, même lorsque le corps de Jésus-Christ n'y est pas?*

R. Non; les ecclésiastiques seuls en ont le droit.

105. D. *Les sacristains n'y touchent-ils pas pour les préparer?*

R. Non, à moins qu'ils en aient reçu la permission expresse de l'Évêque diocésain et pour leur paroisse seulement. Mais ce n'est point dans l'esprit de l'Église romaine et, dans beaucoup de diocèses, cette permission ne s'accorde que très difficilement, encore est-elle absolument restreinte au service de la sacristie.

106. D. *Est-ce un péché d'y toucher sans nécessité?*

R. Oui assurément.

107. D. *Qu'appelle-t-on ampoule ?*

R. Ce sont les petits vases qui contiennent les Saintes Huiles.

108. D. *Les fidèles peuvent-ils y toucher ?*

R. Non, surtout quand ils contiennent les huiles consacrées.

109. D. *Quels sont, après les vases sacrés, les principaux objets qui servent dans les cérémonies de l'Église ?*

R. Ce sont : les BURETTES, L'INSTRUMENT DE PAIX ou OSCULATOIRE, la CROIX DE PROCESSION, L'ENCENSOIR, la NAVETTE, les BÉNITIERS, le GOUPILLON, les DAIS et les BANNIÈRES.

110. D. *Qu'est-ce que les burettes ?*

R. Ce sont de petits vases de cristal ou de métal, où l'on met l'eau et le vin pour la messe ; on les place sur la crédence dans un plateau de la même matière.

111. D. *Qu'est-ce que l'instrument de paix ou* OSCULATOIRE?

R. C'est un objet de métal sur lequel est gravé un crucifix et que l'on fait baiser pour donner la paix aux fidèles.

112. D. *Qu'est-ce que la croix de procession ?*

R. C'est une croix assez élevée que l'on porte dans les processions.

113. D. *Qu'est-ce que l'encensoir ?*

R. C'est un petit fourneau suspendu à des chaînes et destiné à brûler de l'encens devant le Saint-Sacrement ou dans les diverses cérémonies de l'Église.

114. D. *Qu'est-ce que la navette ?*

R. C'est un petit vase de métal en forme de vaisseau, d'où lui vient son nom, lequel sert à contenir l'encens qui brûle dans l'encensoir.

115. D. *Qu'est-ce que les bénitiers ?*

R. Ce sont les vases qui contiennent l'eau bénite.

116. D. *Y en a-t-il de plusieurs sortes?*

R. Oui, il y a le bénitier que l'on porte dans les cérémonies de l'Église, c'est un vase avec une anse; et il y a les urnes ou coquilles placées à la porte de l'église ou de la sacristie, pour l'usage du clergé et des fidèles.

117. D. *Qu'est-ce que le goupillon?*

R. C'est un petit manche de bois ou de métal auquel sont adaptées des soies ou une éponge, et dont le prêtre se sert pour asperger les fidèles ou les choses qu'il bénit.

118 D. *Qu'est-ce que le dais ?*

R. C'est un pavillon de soie blanche que plusieurs personnes soutiennent au-dessus de la tête du prêtre, dans les processions où l'on porte le

Saint-Sacrement. On accorde aussi les honneurs du dais aux Évêques et aux souverains ; mais, dans ce dernier cas, il doit être, autant que possible, rouge ou violet.

119. D. *Qu'est-ce que* L'OMBELLA *ou ombrelle ?*

R. C'est un dais plus petit qui peut être tenu par une seule personne. On s'en sert lorsque l'on porte le Saint-Sacrement aux malades, ou qu'on le transporte dans l'intérieur de l'Église.

120. D. *Qu'est-ce que les bannières ?*

R. Ce sont des étendards ou drapeaux d'étoffe sur lesquels sont représentées les images de la Sainte Vierge, du Saint patron de la paroisse ou des différentes confréries qui les portent en procession.

## § V

### Des linges sacrés.

121. D. *Quels sont les linges sacrés qui servent au saint Sacrifice ?*

R. Ce sont : le CORPORAL, la PALLE, le PURIFICATOIRE, le MANUTERGE et les NAPPES D'AUTEL, auxquelles on peut ajouter LA NAPPE DE COMMUNION.

122. D. *Qu'est-ce que le corporal ?*

R. Le corporal est une petite nappe très fine

mais sans broderies que l'on met sur les autres nappes de l'autel, pour y déposer le corps de Notre-Seigneur au saint Sacrifice, d'où lui vient son nom de CORPORAL. C'est toujours aussi sur le corporal que l'on doit déposer les vases sacrés lorsqu'ils contiennent la Sainte Eucharistie.

123. D. *Qu'est-ce que la palle?*

R. C'est un corporal plié en carré ou soutenu d'un petit carton, lequel sert à couvrir le calice pendant la sainte Messe.

124. D. *Qu'est-ce que le purificatoire?*

R. C'est un petit linge dont le prêtre se sert pour essuyer le calice, ses lèvres et ses doigts après la communion du précieux sang et les ablutions.

125. D. *Les laïques peuvent-ils toucher ces linges?*

R. Non, ils ne le peuvent pas, dès que ces linges ont servi une seule fois au saint Sacrifice.

126. D. *Comment fait-on pour laver ces linges?*

R. Un prêtre ou une personne ayant droit ou permission de toucher les vases sacrés, les purifie dans trois eaux différentes que l'on jette ensuite dans la piscine; ce n'est qu'après ces précautions qu'on met ces linges entre les mains des blanchisseuses ordinaires.

127. D. *Qu'est-ce que le manuterge ?*

R. Le manuterge ou LAVABO, n'est autre chose que l'essuie-main dont le prêtre se sert à l'autel lorsqu'il se lave les doigts.

128. D. *Qu'est-ce que les nappes d'autel ?*

R. Ce sont des toiles dont l'Église prescrit de couvrir l'autel pour y célébrer le saint sacrifice de la Messe. Il doit y en avoir trois et celle de dessus doit pendre presque jusqu'à terre aux deux bouts de l'autel.

129. D. *Qu'appelez-vous nappe de communion ?*

R C'est un linge que l'on étend sur la balustrade du sanctuaire, ou que des clercs présentent aux fidèles pour recevoir la sainte communion.

130. D. *Les fidèles peuvent-ils toucher au manuterge ainsi qu'aux nappes de communion ?*

R. Rien ne s'y oppose, parce que ces linges ne sont jamais en contact avec le corps de Notre-Seigneur-Jésus-Christ. Il en est de même pour les nappes d'autel.

131. D. *De quelle matière doivent être tous ces linges ?*

R. Les règles de l'Église prescrivent qu'ils soient faits de toile de lin ou de chanvre.

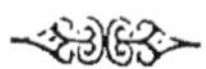

# CHAPITRE II

## DES VÊTEMENTS SACRÉS

### § I

### Costumes des ecclésiastiques. — Habits de chœur. — Vêtements des ministres sacrés.

132. D. *Qu'est-ce que la soutane ?*

R. La soutane est une longue robe descendant jusqu'aux talons : C'est le costume de tous les ecclésiastiques.

133. D. *Quelle est la couleur de la soutane ?*

R. Elle varie selon la dignité de celui qui en est revêtu : le Pape la porte blanche ; les cardinaux, rouge ; les évêques, violette et les simples prêtres, noire, ainsi que tous les ecclé-siastiques d'un rang inférieur. Elle est souvent accompagnée d'une ceinture de même couleur, surtout en France.

134. D. *Les ecclésiastiques la portent-ils seuls ?*

R. Oui, ordinairement ; mais il est permis

aux laïques de la porter dans l'Église lorsqu'ils font partie du bas-chœur, les séminaristes non tonsurés sont autorisés à la porter même au dehors.

135. D. *Comment les chantres et les enfants de chœur des Églises doivent-ils user de cette permission?*

R. Ils doivent la regarder comme un grand honneur et traiter avec respect ce saint habit.

136. D. *Que signifie la soutane?*

R. Elle signifie le renoncement au monde.

137. D. *Qu'est-ce que le surplis?*

R. Le surplis, ainsi appelé parce qu'autrefois on le mettait sur une pelisse ou soutane fourrée pour l'hiver, est un vêtement blanc qui descend jusqu'aux genoux, et dont les manches, qui cachent tout le bras dans sa longueur, sont en même temps fort larges.

138. D. *Que signifie le surplis?*

R. Il représente par sa blancheur l'innocence que doivent apporter à l'autel ceux qui approchent des saints mystères.

139. D. *Qu'est-ce que le rochet?*

R. C'est un surplis plus court et à manches étroites qui est l'habit de chœur ordinaire des Évêques, des prélats séculiers et des chanoines.

140. D. *Qu'est-ce que la barette?*

R. La barette est un bonnet noir à trois ou

quatre cornes, dont se servent les ecclésiastiques et même les clercs du bas-chœur pour se couvrir la tête dans les offices, ou dans les processions.

141. D. *Qu'est-ce que le camail ?*

R. C'est un petit manteau ou pèlerine ordinairement de la couleur de la soutane, accompagnée d'un capuchon et dont on se sert dans l'hiver. — La MOZETTE que les chanoines et les évêques portent en toute saison, et qui est une marque de dignité, n'est autre chose qu'un petit camail.

142. D. *Que savez-vous de la chape des chanoines ?*

R. Cette chape, en latin *cappa magna* (cappamagne) ou grande chape, est composée d'un camail de soie ou d'hermine, et d'un manteau de soie à longue queue dont la couleur varie. Le Pape et les cardinaux portent la chape rouge; les Évêques la portent violette; quant aux chanoines, la couleur de ce manteau varie selon les usages ou privilèges des chapitres auxquels ils appartiennent; le plus souvent, elle est de drap noir bordé de rouge : mais ce costume n'est pas la véritable CAPPAMAGNE.

143. D. *Ce costume des chanoines est-il général ?*

R. Il n'est guère connu qu'en quelques diocèses de France; leur véritable costume est le rochet et la mozette et quelquefois l'aumusse.

144. D. *Quels sont les habits communs aux clercs qui sont dans les ordres sacrés ?*

R. Ce sont : l'AMICT, l'AUBE et le CORDON.

145. D. *Qu'est-ce que l'amict ?*

R. C'est un voile de lin dont les ministres de l'autel s'entourent le cou, lorsqu'il doivent se revêtir de l'aube.

146. D. *Que représente l'amict ?*

R. Comme autrefois on le mettait sur la tête l'Église en a fait l'image du CASQUE DU SALUT dont saint Paul veut toujours que le chrétien soit armé. C'est pour cela que le prêtre, avant de laisser tomber l'amict sur ses épaules, le met sur sa tête en disant : Placez sur ma tête, Seigneur, le casque du salut.

147. D. *Qu'est-ce que l'aube ?*

R. L'aube est un vêtement blanc, ainsi que l'indique son nom (*alba*) qui descend jusque sur les pieds, et dont doivent être revêtus les prêtres et les ministres de l'autel.

148. D. *Que signifie l'aube ?*

R. Elle signifie l'innocence qui est comme le vêtement du prêtre, et qui jette de l'éclat sur toute sa vie, comme la blancheur de l'aube jette de l'éclat sur tout son corps, qu'elle enveloppe entièrement.

149. D. *Qu'est-ce que le cordon ?*

R. C'est une ceinture qui retient les plis de l'aube autour des reins. Il représente la modestie et les bonnes mœurs.

150. D. *Quel est l'ornement propre au sous-diacre et aux ordres supérieurs ?*

R. C'est le manipule que ne peuvent porter les simples clercs.

151. D. *Qu'est-ce que le manipule ?*

R. C'est un petit ornement de soie, comme tous les vêtements sacrés dont nous allons parler, que les ministres de l'autel portent sur le bras gauche pendant le saint Sacrifice. Autrefois, c'était un linge que les clercs portaient pour essuyer la sueur lorsqu'elle les incommodait, ou les larmes que la dévotion tirait de leurs yeux.

152. D. *Quelle signification lui a-t-on donné depuis qu'il est devenu un ornement ?*

R. Il représente les larmes du chrétien sur la terre et rappelle au prêtre qu'il doit pleurer et répandre bien des sueurs pour le salut des âmes, s'il veut que Dieu le récompense au ciel.

153. D. *Quel est l'autre ornement du sous-diacre ?*

R. C'est la tunique qui était autrefois une robe assez longue, aujourd'hui elle est plus courte et en France, où on en a coupé les manches sous les bras, elle est devenue une sorte de manteau.

154. D. *Que représente la tunique ?*

R. Elle représente la joie que le sous-diacre doit ressentir d'avoir consacré sa vie au service de Dieu.

155. D. *N'y a-t-il pas un autre ornement propre au sous-diacre ?*

R. Oui, c'est l'HUMÉRAL ou voile de soie de la couleur de l'ornement, que l'on met sur ses épaules lorsqu'il doit porter le calice sur l'autel et la patène après l'offertoire, dans les messes solennelles.

156. D. *Quels sont les vêtements du diacre ?*

R. Les mêmes que ceux des ordres inférieurs et de plus l'étole et la dalmatique.

157. D. *Qu'est-ce que l'étole ?*

R. C'est un ornement en forme de bande que le diacre met en écharpe, la faisant passer de l'épaule gauche sous le bras droit.

158. D. *Pourquoi la met-il ainsi ?*

R. Parce que, autrefois, l'étole était une robe

dont on n'a gardé que le bord ou parement, et que le diacre, pour être libre dans le service du prêtre à l'autel, se dégageait de la manche droite et l'attachait sous le bras.

159. D. *Que signifie l'étole?*

R. L'Église en a fait le symbole ou l'image du vêtement d'immortalité qui nous a été rendu dans le baptême.

160. D. *Qu'est-ce que la dalmatique?*

R. C'était autrefois une robe assez semblable à la tunique de nos jours ; aujourd'hui elles ne diffèrent nullement, bien que chacune ait gardé son nom.

161. D. *Que représente la dalmatique ?*

R. La justice que tout ministre de l'autel doit porter dans ses fonctions.

162. D. *Quels sont les vêtements particuliers du prêtre?*

R. Ce sont : le manipule dont nous avons parlé plus haut, l'étole et la chasuble.

163. D. *Le prêtre porte-t-il l'étole comme les diacres?*

R. Non, il la porte pendante par devant, pour nous marquer qu'il supporte tout le poids du sacerdoce, ou croisée sur la poitrine, lorsqu'il la met sur l'aube.

164. D. *Qu'est-ce que la chasuble?*

R. La chasuble est l'habillement sacré que revêt le prêtre par dessus ses autres habits, pour célébrer la sainte Messe. Cet habit porte une grande croix sur toute la partie qui recouvre les épaules du prêtre. En Italie la croix de la chasuble est par devant.

165. D. *Que signifie la chasuble?*

R. Elle représente le joug de la loi de Jésus-Christ que le prêtre porte sur lui-même, pour apprendre aux fidèles à le prendre volontiers pour le salut de leurs âmes.

166. D. *Ne connaissez-vous pas d'autres ornements d'un usage ordinaire dans les saints offices?*

R. Oui, il y a encore la chape et l'écharpe.

167. D. *Qu'est-ce que la chape?*

R. La chape ou PLUVIAL, qui diffère de la grande chape des Évêques et des chanoines dont on a parlé au numéro 142, est un grand manteau de soie dont se sert le prêtre dans les processions et dans certaines solennités. On ne lui donne guère de signification mystérieuse et sa forme majestueuse est sans doute la cause qui l'a fait servir aux circonstances solennelles de la liturgie.

168. D. *Qu'est-ce que l'écharpe ou voile huméral?*

R. L'écharpe ou VOILE HUMÉRAL, est un

voile de soie blanche que l'on met sur les épaules du prêtre et dont il s'enveloppe les mains
pour donner la bénédiction du Saint-Sacrement
ou pour le porter en procession.

169. D. *Pourquoi fait-on usage de cette
écharpe?*

R. Pour montrer le grand respect que l'on a
pour les vases sacrés, et surtout pour le corps
adorable de Notre-Seigneur que l'on ne porte
que le moins possible avec les mains nues

170. D. *Les ornements de l'Église sont-ils tous
de la même couleur?*

R. Non, l'Église emploie cinq couleurs différentes qui sont : le BLANC, le ROUGE, le VERT,
le VIOLET et le NOIR.

171. D. *Que représentent ces couleurs?*

R. Le BLANC représente la joie et la pureté ;
le ROUGE, l'amour de Dieu et le courage qui
nous ferait verser notre sang pour lui ; le VERT
l'espérance et le repos futur ; le VIOLET, la pénitence et la prière dans l'affliction ; le NOIR,
le deuil et la tristesse.

172. D. *Dites-nous un mot de l'usage de ces
couleurs en général?*

R. Le BLANC sert pour toutes les fêtes de
Notre-Seigneur, de la sainte Vierge et de tous
les saints qui ne sont pas martyrs ; le ROUGE

pour les fêtes et les offices du Saint-Esprit, pour les fêtes de la Croix et de la Passion et pour les fêtes des Martyrs ; le VERT pour tout le temps qu'on appelle de Pèlerinage (les dimanches après l'Épiphanie et après la Pentecôte), et les féries de ce temps ; le VIOLET pour tous les dimanches de l'Avent, de la Septuagésime et du Carême ; comme aussi pour tous les offices de pénitence ; et enfin le NOIR pour le Vendredi-Saint à l'office du matin, et à tous les offices de morts.

173. D. *Les habits, linges et ornements de l'Église sont-ils tous bénits ?*

R. Tous ceux qui servent immédiatement au saint sacrifice de l'autel doivent l'être ; mais c'est d'ailleurs une pieuse pensée et une louable pratique de bénir tous les objets qui servent au culte divin.

174. D. *Par qui doivent être bénits les linges et ornements sacrés ?*

R. Par l'Évêque ou au moins par un prêtre qui en ait reçu de lui la permission expresse.

## § II

### Costume et ornements particuliers des Évêques.

175. D. *Quel est le costume des Évêques dans leur vie privée ?*

R. Les Évêques portent une soutane, un manteau et des bas violets ; une ceinture de même couleur ornée d'un gland, mêlé de soie verte et d'or, un chapeau noir garni d'un gland de même matière que celui de la ceinture. Les habits violets des Évêques, sont en certains pays, relevés par des parements, bordures et boutons rouges. Les cardinaux sont vêtus de même que les Évêques, sauf la couleur de leurs habits qui est écarlate, et les glands du chapeau et de la ceinture, qui sont tout or, ou d'or mêlé de rouge.

176. D. *Quels sont les ornements sacrés des Évêques ?*

R. Ce sont : les sandales et les bas, la croix pectorale, les tunicelles, les gants, l'anneau, la mitre, la crosse (et si c'est un archevêque), le pallium et la croix.

177. D. *Qu'est-ce que les bas et les sandales ?*

R. Les bas de soie de la même forme que ceux que nous portons couvrent les jambes de l'Évêque jusqu'aux genoux. Les sandales sont des souliers de soie rehaussées d'une croix brodée d'or.

Ces deux ornements doivent être de la couleur de l'ornement du jour.

178. D. *D'où vient l'usage de cette chaussure ?*

R. C'est que, les chaussures grossières de nos pères n'étant pas assez décentes pour l'autel, il avait été ordonné aux prêtres de prendre, pour célébrer, des sandales plus précieuses. Les Évêques, dans la suite, ont seuls gardé cet usage lorsqu'ils officient pontificalement.

179. D. *Qu'est-ce que la croix pectorale?*

R. C'est une croix d'or que l'Évêque porte toujours sur sa poitrine ; c'est une des marques et on pourrait dire la marque distinctive de l'épiscopat. Celle que l'Évêque prend pour célébrer la sainte Messe doit renfermer des reliques, qui sont ordinairement de la vraie croix et des martyrs.

180. D. *Qu'est-ce que les tunicelles?*

R. On appelle ainsi la tunique et la dalmatique de soie, vêtements du sous-diacre et du diacre, que l'Évêque porte sous la chasuble, suivant la forme qu'elles avaient autrefois (ou à peu près).

181. D. *Qu'est-ce que les gants?*

R. Les gants dont l'Évêque revêt ses mains sont une marque de dignité, ils peuvent représenter le respect pour les choses saintes, dont l'Évêque doit donner l'exemple à son troupeau. Cet ornement est aussi de la couleur de celui du jour et orné d'une croix d'or en broderie.

182. D. *Que représente l'anneau que portent les Évêques ?*

R. Il représente l'alliance spirituelle de l'Évêque avec l'Église qu'il a été appelé à gouverner.

183. D. *Qu'est-ce que la mitre ?*

R. C'est la coiffure ou la couronne de l'Évêque. Elle est faite soit d'une étoffe riche brodée d'or, soit de lin. Cette dernière mitre si simple s'emploie quelquefois dans des circonstances pourtant très solennelles. Dans l'esprit de l'Église, la mitre est un vêtement de gloire et d'honneur.

184. D. *Qu'est-ce que la crosse ?*

R. La crosse est un riche bâton en or, ou en argent doré ou même en bois, sur lequel s'appuie l'Évêque dans ses fonctions sacrées. La crosse des Abbés de monastère est le plus souvent en bois ou en ivoire.

185. D. *Que signifie la crosse ?*

R. La crosse est l'insigne de la puissance de l'Évêque, c'est comme le sceptre de sa royauté spirituelle. Elle est aussi sa houlette.

186. D. *Qu'est-ce que le grémial ?*

R. On appelle ainsi un voile précieux que l'on pose sur les genoux de l'Évêque lorsqu'il est assis. Autrefois ce n'était point un ornement, mais seulement un linge blanc que l'on présentait à l'Évêque et même au prêtre lorsqu'il était assis, afin qu'appuyant dessus leurs mains, ils ne tachâssent point les ornements sacrés.

187. D. *Quel est l'ornement propre à un Archevêque?*

R. C'est le pallium.

188. D. *Qu'est-ce que le pallium?*

R. Le pallium consiste en une bande de laine blanche garnie de plusieurs croix de soie noire ; à cette bande qui fait le tour des épaules, il y a deux bouts pendants, l'un sur la poitrine, l'autre dans le dos. Le pallium, tel qu'il est aujourd'hui, n'est plus, comme l'étole, que la bordure ou le parement d'un manteau d'honneur que l'on accordait autrefois aux princes de l'Église. Pour le porter, il faut l'avoir reçu du Pape qui le bénit le jour de Saint-Pierre sur le tombeau de ce grand Apôtre : c'est un privilège que le Pape accorde quelquefois à un Évêque ; mais c'est là une faveur singulière et très rare.

189. D. *Quelle autre marque de distinction ont les Archevêques ?*

R. Ils ont encore le droit de faire porter devant eux leur croix archiépiscopale dont la face du crucifix doit être tournée vers l'Archevêque. Cette croix ne peut précéder l'Archevêque que dans sa province, ou en présence d'un légat du Pape.

190. D. *Quelle est la marque distinctive de la dignité du cardinalat?*

R. C'est le chapeau rouge. Ce chapeau à grands bords et orné de trois rangs de glands, n'est porté par les cardinaux que lorsqu'ils sont revêtus de l'habit de chœur, autrement ils le portent noir ou rouge ; mais plus petits et à bords relevés en tricorne.

191. D. *Quelle particularité présente la soutane des cardinaux, des Évêques et des simples prélats.*

R. Outre la couleur particulière, à laquelle tous substituent le noir en carême, leur soutane a de plus une longue queue portée dans les cérémonies par un de leurs domestiques. La soutane à queue est un privilège de la prélature, et souvent même les prélats portent la soutane sans queue devant leurs supérieurs ou dans les cérémonies où ils ne la peuvent faire porter.

## § III

### Costume et ornements particuliers du Pape.

192. D. *Comment est habillé le Saint-Père dans sa vie privée?*

R. Le Pape est revêtu d'une soutane de soie

ou de laine blanche; il porte de plus une calotte blanche et des souliers de velours rouge dont l'empeigne est ornée d'une croix d'or brodée. C'est cette chaussure que nous appelons les mules du Pape. Lorsque le Pape sort, il porte un chapeau de soie rouge à gland d'or et en hiver un manteau rouge.

193. D. *Ne baise-t-on pas la mule du Pape, lorsqu'on se présente devant lui?*

R. Oui, et les têtes couronnées elles-mêmes abaissent leur puissance devant le représentant de Jésus-Christ sur la terre; on baise alors la croix qui est sur la mule du Saint-Père.

194. D. *Quel est l'habit de chœur du Pape?*

R. Son habit de chœur ordinaire se compose de bas blancs, de souliers rouges, de la soutane et de la calotte blanches, d'une ceinture à glands d'or, du rochet de dentelle, de la mozette rouge, bordée d'hermine, et de l'étole.

195. D. *Qu'est-ce que la falda?*

R. La falda est une large robe de soie blanche, à queue traînante que revêt le Saint-Père lorsqu'il célèbre lui-même ou qu'il assiste à l'office, en grande pompe; il la met par-dessus sa soutane et avant tous ses autres ornements. Cette longue robe est portée par un grand dignitaire de la cour pontificale.

196. D. *Quelle particularité présente la chape du Saint-Père ?*

R. C'est qu'elle est traînante et attachée sur la poitrine par une large plaque d'argent ou de vermeil ornée de gravures.

197. D. *Le Pape porte-t-il la mitre ?*

R Oui, lorsqu'il officie, mais quelquefois au lieu de la mitre il porte la tiare.

198. D. *Qu'est-ce que la tiare ?*

R. C'est une mitre ornée de trois couronnes posées l'une au-dessus de l'autre.

199. D. *Que signifient ces trois couronnes ?*

R. Elles rappellent aux fidèles la triple puissance du vicaire de Jésus-Christ sur toute l'Eglise ; SUR L'ÉGLISE MILITANTE, qu'il gouverne ici-bas ; SUR L'ÉGLISE SOUFFRANTE, qu'il soulage par la dispensation des indulgences, et même SUR L'ÉGLISE TRIOMPHANTE par le privilège auguste qu'il a de décerner les honneurs du culte public aux serviteurs de Dieu dont la sainteté a été manifestée par des miracles.

200. D. *Qu'y a-t-il de particulier à l'anneau du Pape ?*

R. C'est qu'il représente saint Pierre sur sa barque et jetant ses filets à la mer, voilà pourquoi on l'appelle L'ANNEAU DU PÊCHEUR. A la mort du Pape on brise cet anneau.

201. D. *Le pape porte-t-il la crosse?*

R. Non, jamais.

202. D. *Pourquoi cela?*

R. Le Pape Innocent III dit que, saint Pierre ayant envoyé son bâton pastoral à Eucher, premier Évêque de Trèves, les habitants de Trèves ne voulurent jamais rendre une si précieuse relique. On ajoute que pour cette raison les Papes ne se servent de la crosse que dans les Églises de Trèves.

203. D. *Qu'est-ce que la* SEDIA?

R. La sedia est un trône sur lequel est porté le souverain Pontife dans les grandes solennités.

204. D. *Porte-t-on la croix devant le Pape?*

R. Oui, et par tout l'univers, parce que sa juridiction spirituelle n'a pas plus de bornes sur la terre que le règne de Jésus-Christ dont il est le représentant.

# SECONDE PARTIE

## PRINCIPALES
## FONCTIONS DE LA LITURGIE

## CHAPITRE I<sup>er</sup>

### DU SAINT SACRIFICE DE LA MESSE

#### § I<sup>er</sup>

**Du saint Sacrifice en général.**

205. D. *Qu'est-ce que le saint Sacrifice de la Messe ?*

R. C'est la plus auguste des fonctions de la liturgie ; c'est le sacrifice de la Croix, c'est le sacrifice du corps et du sang de Jésus-Christ renouvelé sur l'autel sous les apparences du pain et du vin.

206. D. *Quels sont les ministres du sacrifice ?*

R. Il y en a de deux sortes : les ministres sacrés et les ministres inférieurs.

207. D. *Quels sont les ministres sacrés ?*

R. Ce sont : le célébrant, le diacre et le sous-diacre.

208. D. *Quels sont les ministres inférieurs ?*

R. Ce sont : les acolytes, le thuriféraire, le cérémoniaire et les chantres.

209. D. *Quelles sont les fonctions du célébrant ?*

R. Ses fonctions augustes sont de consacrer le corps et le sang de Notre-Seigneur-Jésus-Christ ; de prier à haute voix au nom de tout le peuple fidèle et de le bénir de la part de Dieu dont il tient la place au saint autel.

210. D. *Quelles sont les fonctions du diacre ?*

R. Le diacre, selon la signification de son nom qui veut dire MINISTRE, SERVITEUR, doit servir le prêtre à l'autel, il se tient toujours à ses côtés, ou un peu derrière lui, afin d'être prêt à l'assister au moindre besoin. Il lui présente le pain, verse le vin dans le calice et récite même avec lui la prière de l'oblation du calice qui commence par ces mots : Offerimus tibi, *Nous vous offrons, Seigneur*, etc. Il chante l'Évangile, il congédie le peuple à la fin de la Messe par le chant de l'ITE MISSA EST.

211. D. *Quelles sont les fonctions du sous-diacre ?*

R. Le sous-diacre remplit au saint Sacrifice des fonctions moins élevées que le diacre. Il est rarement aux côtés du prêtre : il porte le calice

sur l'autel, y met l'eau au moment de l'Offertoire, tient la patène depuis l'Oblation jusqu'au
PATER, et porte au chœur la paix qu'il a recue
du diacre. C'est aussi à lui qu'il appartient de
chanter l'Épître.

212. D. *Quelles sont les fonctions des acolytes ?*

R. Les acolytes, dont le nom veut dire suivant ou valet, sont comme les serviteurs du
diacre et du sous-diacre ; ils portent les flambeaux auprès de la croix en procession et devant
les ministres qui se rendent à l'autel ; ils présentent l'eau et le vin au diacre et au sous-diacre,
donnent à laver les mains au célébrant, aussi
leur place est-elle près de la crédence, afin qu'ils
soient toujours prêts à offrir aux ministres tout
ce qui leur est nécessaire.

213. D. *Quelles sont les fonctions du thuriféraire ?*

R. Le thuriféraire est un clerc qui porte à
l'autel l'encens et l'encensoir. Il est chargé de
les présenter aux ministres sacrés et d'encenser
les clercs qui ne sont pas dans les ordres, et le
peuple. Il encense aussi le Saint-Sacrement à
l'élévation et à la bénédiction.

214. D. *Quelles sont les fonctions du cérémoniaire ?*

R. Il est chargé ainsi que l'indique son nom de

veiller au bon ordre des cérémonies. Il doit aussi (mais seulement quand il est clerc tonsuré), assister le célébrant au missel dont il tourne les feuillets.

215. D. *Qu'est-ce que les chantres ?*

R. Les chantres sont des clercs dont la fonction est de répondre aux chants du prêtre et de soutenir ceux des fidèles et du chœur.

216. D. *Les laïques ont-ils le droit de remplir les fonctions ecclésiastiques au saint Sacrifice de la Messe ?*

R. Non, il n'en ont pas le droit, et ce n'est que par privilège et à défaut de véritables clercs, qu'ils remplissent les fonctions des ministres inférieurs eux-mêmes.

217. D. *Tous ces ministres sont-ils nécessaires à toutes les messes ?*

R. Non, ils ne servent qu'à la messe solennelle ; aux messes basses un seul ministre suffit. C'est un clerc ou un enfant de chœur qui prend le nom de SERVANT DE MESSE.

218. D. *Dans quel esprit les laïques doivent-ils remplir les saintes fonctions d'acolytes, de thuriféraire, cérémoniaire et servant de messe ?*

R. Avec un grand esprit de foi, de respect, de recueillement, et même de reconnaissance pour l'honneur qui leur est fait d'approcher si près de l'autel.

219. D. *Combien distingue-t-on de sortes de messes ?*

R. On en distingue deux sortes : les messes basses ou privées et les messes hautes ou solennelles.

## § II

### De la Messe basse

220. D. *Qu'est-ce que la messe basse ?*

R. On donne ce nom aux messes qui se célèbrent sans chant et avec un seul servant ou deux au plus.

221. D. *Quelles sont les préparations nécessaires pour célébrer la sainte Messe ?*

R. Quelques instants avant l'heure du sacrifice, l'autel étant disposé comme on l'a dit plus haut (numéros 50 à 76), on y place trois tableaux, ou CANONS D'AUTEL, sur lesquels sont écrites certaines prières de la messe ; un coussin ou un pupitre pour le missel. Le clerc après s'être lavé les mains et s'être revêtu de son habit de chœur (la soutane et le surplis), dispose les burettes sur la crédence, allume deux cierges, et, de retour à la sacristie, prend le missel qu'il tient respectueusement appuyé sur la poitrine. L'heure de la messe étant arrivée, le prêtre précédé du clerc se rend à l'autel.

**222. D.** *Que représente cette marche du prêtre à l'autel ?*

Elle représente Jésus-Christ se rendant à Jérusalem pour y souffrir les douleurs de sa Passion.

**223. D.** *Comment appelez-vous la première partie de la messe ?*

R. La préparation.

**224. D.** *Que contient-elle ?*

R. Elle contient les prières du prêtre au bas de l'autel. L'INTROÏT, — le KYRIE, — le GLORIA IN EXCELSIS et la COLLECTE.

**225. D.** *Pourquoi, au commencement de la messe, le prêtre prie-t-il au bas de l'autel ?*

R. C'est en signe d'humilité qu'il prie et qu'il confesse ses péchés au bas de l'autel avant d'y monter pour le redoutable ministère qui lui est confié.

**226. D.** *Que représente l'autel ?*

R. L'autel représente Jésus-Christ ; c'est pour cela que le prêtre le baise souvent avec respect.

**227. D.** *Quelle pensée doit-on avoir en voyant monter le prêtre à l'autel ?*

R. Il faut se représenter Jésus-Christ montant au Calvaire.

**228. D.** *Qu'est-ce que l'INTROÏT ?*

R. L'INTROÏT veut dire ENTRÉE ; c'est une

antienne suivie d'un verset de psaume et du GLORIA PATRI que l'on chante au moment de l'entrée du prêtre à l'autel.

229. D. *Qu'est-ce que le* KYRIE ELEISON ?

R. C'est une prière en langue grecque dans laquelle on demande trois fois à chacune des trois personnes de la Sainte-Trinité d'avoir pitié de nous. Les trois premiers KYRIE s'adressent au Père, les trois seconds au Fils et les trois derniers au Saint-Esprit.

230. D. *Qu'est-ce que le* GLORIA IN EXCELSIS ?

R. C'est le chant des anges, à la naissance de Notre-Seigneur Jésus-Christ, un hymne de joie en l'honneur de la Sainte-Trinité.

231. D. *Le dit-on à toutes les messes ?*

R. On le dit à tous les dimanches de l'année, à toutes les fêtes, pendant tout le temps pascal qui est un temps de joie pour les chrétiens ; mais on le supprime aux messes de l'Avent et du Carême, aux messes votives, aux messes de pénitence et aux messes des morts.

232. D. *Que signifie le* DOMINUS VOBISCUM *que le prêtre dit si souvent pendant la sainte Messe ?*

R. C'est un salut de paix que le prêtre donne aux fidèles, en signe de cette paix ; avant de dire le DOMINUS VOBISCUM il baise l'autel, pour montrer que c'est la paix de Jésus-Christ même qu'il transmet au peuple chrétien en lui disant : Le Seigneur soit avec vous. On lui répond : ET CUM SPIRITU TUO. Et avec votre esprit.

233. D. *Qu'est-ce que la* COLLECTE ?

R. On donne ce nom à la première oraison de la messe. On l'appelle ainsi parce que le prêtre prie pour toute l'assemblée (collection) des fidéles réunis pour assister au saint Sacrifice. Il y a quelquefois plusieurs collectes.

234. D. *Comment appelez-vous la seconde partie de la messe ?*

R. L'INSTRUCTION.

235. D. *Que renferme-t-elle ?*

R. L'ÉPITRE, le GRADUEL, l'ALLELUIA et quelquefois le TRAIT et la PROSE ou SÉQUENCE, l'ÉVANGILE et le CREDO ou Symbole.

236. D. *Qu'est-ce que l'*ÉPITRE ?

R. C'est un passage plus ou moins long de la Sainte-Écriture que lit le prêtre après la collecte. Ce passage est ordinairement tiré du Nouveau Testament et en particulier des lettres ou Épîtres des Apôtres, d'où lui vient son nom.

237. D. *Pourquoi répond-on* DEO GRATIAS *à la fin ?*

R. Pour remercier Dieu d'avoir bien voulu nous parler par ses apôtres et ses prophètes.

238. D. *Qu'est-ce que le* GRADUEL ?

R. C'est quelque verset des psaumes que l'on chante après l'épître. On donne à ce verset le nom de GRADUEL parce qu'autrefois il était chanté sur les marches de l'ambon, espèce de pupitre élevé de quelques degrés (en latin *gradus*.)

339. D. *Qu'est-ce que l'*ALLELUIA ?

R. C'est un cri de joie emprunté à la langue des Hébreux que l'on chante après le GRADUEL. Il est suivi d'un verset de la Sainte-Écriture. Dans les jours de pénitence l'ALLELUIA est remplacé par le TRAIT, chant assez rapide mais lugubre, appliqué à plusieurs versets de la Sainte-Écriture.

240. D. *Qu'est-ce que la* PROSE ?

R. C'est une hymne rimée qui se chante après le verset de l'ALLELUIA à certaines fêtes.

241. D. *Quelle est l'origine des proses ?*

R. Autrefois on ajoutait sur la neume de l'ALLELUIA une suite de paroles que l'on appela pour cette raison Séquence, ou suite de l'AL-LELUIA. Ces paroles rimées et non mesurées comme des vers ont été ensuite appelées du nom que nous leur donnons, PROSES ; mais le missel leur donne encore le nom latin de SEQUENTIA.

242. D. *Pourquoi avant l'Évangile le prêtre prie-t-il profondément incliné au milieu de l'autel ?*

R. Pour demander à Dieu, par une oraison

particulière, de purifier son cœur afin qu'il annonce dignement son saint Évangile.

243. D. *Qu'est-ce que l'Évangile ?*

R. L'Évangile de la messe est un passage pris dans l'un des quatre évangélistes qui ont écrit la vie et les paroles de Notre-Seigneur.

244. D. *Comment doit-on entendre l'Évangile ?*

R. Toujours debout.

245. D. *Pourquoi cela ?*

R. Par respect pour la parole de Dieu et pour montrer que l'on est prêt à marcher à la suite de Jésus-Christ et à défendre la foi qui nous est enseignée dans l'Évangile.

246. D. *Pourquoi le prêtre et les fidèles font-ils le signe de la croix sur le front, la bouche et la poitrine au commencement de l'Évangile ?*

R. Pour montrer qu'ils ne veulent pas rougir de l'Évangile de Jésus-Christ et qu'ils sont disposés à proclamer de bouche la foi qu'ils ont dans leur cœur.

247. D. *Pourquoi le prêtre baise-t-il l'Évangile quand il a fini de le lire ?*

R. Pour montrer son respect pour cette divine parole et inspirer les mêmes sentiments aux fidèles.

248. D. *Qu'est-ce que le prêtre récite après l'Évangile?*

R. Il récite le CREDO qui est une profession de foi et l'abrégé de la doctrine catholique.

249. D. *Le récite-t-on toujours?*

R. Non, mais seulemement le dimanche et aux fêtes plus solennelles où les fidèles assistent en plus grand nombre au saint Sacrifice, et aussi aux fêtes des apôtres et des docteurs, parce qu'ils ont employé leur vie et leur science à défendre les vérités contenues dans le symbole.

250. D. *Pourquoi fléchissons-nous les genoux aux paroles :* ET INCARNATUS EST?

R. Pour témoigner notre foi au mystère de l'Incarnation, notre amour et notre reconnaissance envers le Sauveur de nos âmes.

251. D. *Quel nom donne-t-on à la partie suivante de la messe?*

R. C'est l'OBLATION.

252. D. *Que comprend cette partie?*

R. Elle comprend l'offrande du pain, la préparation du vin et de l'eau dans le calice, l'oblation du calice, le lavement des mains, l'ORATE FRATRES et la Secrète.

253. D. *Pourquoi le prêtre met-il un peu d'eau dans le vin qu'il doit consacrer?*

R. Pour représenter la nature humane unie à la divinité dans la personne de Notre-Seigneur et aussi l'eau qui sortit avec le sang de son côté sur la croix.

254. D. *Pourquoi le prêtre se lave-t-il les mains et pourquoi se les lave-t-il en dehors de l'autel ?*

R. Le prêtre se lave les mains pour montrer la grande pureté avec laquelle on doit s'approcher des saints mystères ; et c'est par un motif de respect qu'il se les lave en dehors de l'autel, le lavement des mains étant tout à la fois ici une action commune et un acte d'humilité.

255. D *Pourquoi le prêtre demande-t-il de nouveau les prières des fidèles par ces mots :* ORATE FRATRES?

R. Il le fait avant d'entrer dans le moment solennel de la consécration, afin que les fidèles s'unissent plus étroitement au sacrifice qu'il va offrir en leur nom. Depuis l'ORATE FRATRES jusqu'après la communion il ne se retourne plus vers le peuple.

256. D. *Qu'appelez-vous Secrètes ?*

R. Ce sont les oraisons que le prêtre récite après le SUSCIPIAT des fideles ; on les appelle SECRÈTES parce que le prêtre les doit réciter à voix basse.

257. D. *Quelle est la quatrième partie de la Messe?*

R. C'est le Canon, ou RÈGLE DE LA CONSÉCRATION.

258. D. *Qu'est-ce que la Préface?*

R. La Préface ou Introduction est le commencement solennel du Canon de la Messe; elle se termine par le chant des anges dans le ciel : SANCTUS, SANCTUS, SANCTUS, etc.; Saint, saint, saint est le Seigneur, etc.

259. D. *Qu'est-ce donc que le Canon de la Messe?*

R. On donne ce nom aux prières qui précèdent immédiatement, qui accompagnent ou qui suivent la consécration, jusqu'au PATER. CANON veut dire règle; aussi toutes les prières du Canon sont-elles réglées de telle sorte qu'elles ne changent jamais.

260. D. *Quelle est la première oraison du Canon?*

R. C'est le TE IGITUR où le prêtre prie le Seigneur d'avoir pour agréables les dons du sacrifice, prière qu'il adresse à Dieu en union avec le Pape, l'Évêque, et tout le peuple fidèle.

261. D. *Quelle est la seconde oraison?*

R. C'est le MEMENTO ou la commémoration

des vivants. Dans cette oraison, le prêtre s'arrête un instant pour prier pour les fidèles vivants pour lesquels il offre le saint Sacrifice, et pour lesquels il doit ou veut prier plus parculièrement.

262. D. *Quelle est la troisième oraison?*

R. C'est la prière COMMUNICANTES, dans laquelle le prêtre réclame le secours du Ciel pour lui et pour le peuple fidèle, demandant ce secours par l'intercession de la bienheureuse Vierge Marie, des saints Apôtres et des martyrs dont quelques-uns des plus célèbres sont nommés dans cette oraison.

263. D. *Quelle est la quatrième oraison?*

R. C'est la prière HANC IGITUR, dans laquelle le prêtre, imposant les mains sur les dons du sacrifice, demande que l'hostie qu'il va offrir nous soit un gage de paix et de salut, et nous préserve de la damnation.

264. D. *A quel moment a lieu le changement du pain et du vin au corps et au sang de Notre-Seigneur Jésus-Christ?*

R. C'est au moment où le prêtre incliné sur l'autel, tenant successivement entre ses mains le pain et le vin, prononce les paroles qui, par la volonté et la toute puissance de Jésus-Christ le souverain prêtre, accomplissent le grand miracle de l'Eucharistie.

265. D. *Pourquoi le prêtre élève-t-il la sainte hostie et le calice après la consécration ?*

R. Pour les exposer à l'adoration des fidèles présents à l'auguste sacrifice : et c'est pour avertir le peuple de se prosterner que l'on sonne la clochette.

266. D. *Pourquoi à ce moment soulève-t-on la chasuble du prêtre ?*

R. C'est qu'autrefois cela était nécessaire à cause de l'ampleur des chasubles ; on a gardé cette coutume comme souvenir de l'ancien usage.

267. D. *Quelle est la cinquième partie de la Messe ?*

R. C'est la COMMUNION.

268. D. *De quoi se compose cette partie de la Messe ?*

R. Elle se compose de la préparation à la communion et de la communion elle-même.

269. D. *Que remarquez-vous dans la préparation à la communion ?*

R. Je remarque le PATER, la fraction de l'hostie, l'AGNUS DEI, les trois oraisons avant la communion, et le DOMINE NON SUM DIGNUS.

270. D. *Pourquoi récite-t-on le PATER ?*

R. C'est parce que l'Église a jugé qu'aucune prière n'était plus digne d'entrer dans celles du saint Sacrifice, que l'oraison qui nous a été enseignée par Notre-Seigneur lui-même.

271. D. *Comment se fait la fraction du pain et que représente-t-elle?*

R. Le prêtre rompt la sainte hostie en trois parties, à l'exemple de Jésus-Christ qui rompit le pain changé en son corps pour le donner à ses disciples. Ensuite il mêle une partie de l'hostie consacrée avec le précieux sang qui est dans le calice, pour signifier la résurrection du Sauveur, et aussi l'union de son corps et de son sang sous chacune des espèces séparées sur l'autel.

272. D. *Qu'est-ce que* L'AGNUS DEI?

R. C'est une prière composée des paroles de saint Jean-Baptiste montrant Jésus-Christ au peuple juif comme son sauveur. On la répète trois fois; elle s'adresse à Jésus-Christ, AGNEAU DE DIEU, IMMOLÉ POUR NOTRE SALUT, AFIN D'OBTENIR MISÉRICORDE POUR NOS PÉCHÉS; ce que nous exprimons aussi en frappant notre poitrine à ces mots : AYEZ PITIÉ DE NOUS, MISERERE NOBIS.

273. D. *Qu'avez-vous à dire des trois oraisons avant la communion ?*

R. Dans la première, le prêtre demande pour lui-même et pour l'Église la paix que Jésus a promise à ses apôtres ; dans la seconde, il demande d'être délivré de tout péché afin de recevoir plus dignement l'adorable sacrement ; enfin, dans la troisième, il demande que la réception de la divine Eucharistie ne tourne point à sa condamnation ; mais lui devienne au contraire un gage de l'éternelle félicité.

274. D. *Que remarquez-vous immédiatement avant la communion ?*

R. C'est que le prêtre se frappe trois fois la poitrine en signe d'humilité, en disant : DOMINE NON SUM DIGNUS, etc. SEIGNEUR, JE NE SUIS PAS DIGNE QUE VOUS ENTRIEZ DANS MA DEMEURE, MAIS DITES SEULEMENT UNE PAROLE ET MON AME SERA GUÉRIE.

275. D. *Pourquoi en beaucoup de lieux sonne-t-on la clochette à ce moment-là ?*

R. Pour avertir les fidèles éloignés de l'autel de s'unir de cœur à la communion du prêtre, et de s'approcher de l'autel s'ils doivent eux-mêmes recevoir la sainte Eucharistie.

276. D. *Pourquoi le clerc récite-t-il le* CONFITEOR *avant la communion des fidèles ?*

R. Il le récite au nom de tous ceux qui vont communier, parce que l'on ne saurait trop s'humilier par la connaissance et l'aveu de ses péchés avant de recevoir son Dieu dans son cœur ; aussi tous les fidèles qui communient doivent-ils être à genoux pendant cette récitation du CONFITEOR par le clerc.

277. D. *Pourquoi le célébrant tourné vers le peuple répète-t-il trois fois le* DOMINE NON SUM DIGNUS, *avant de donner la communion aux fidèles ?*

R. Pour rappeler à ceux-ci que c'est dans sa miséricorde et non à cause de leurs mérites que leur Sauveur va se donner à eux, et pour ranimer encore dans leur cœur le sentiment d'humilité qui doit pénétrer un chrétien, en présence de Dieu, la pureté même, qui va s'unir à lui.

278. D. *Pourquoi après la communion le prêtre lave-t-il le calice et ses doigts avec de l'eau et du vin ?*

R. C'est afin qu'il ne reste dans le calice aucune goutte du sang précieux de Notre-Seigneur, ni aux doigts du prêtre aucune parcelle de l'hostie consacrée, lesquelles seraient profanées involontairement sans cette précaution; voilà pourquoi le prêtre boit le vin et l'eau qui ont servi à ces purifications.

279. D. *Quelle est la sixième partie da la Messe ?*

R. C'est l'ACTION DE GRACES.

280. D. *Que signifient les oraisons que le prê-*

*tre récité au côté de l'Épitre après la commu-nion ?*

R Ce sont précisément les prières d'action de grâces qui, avec l'antienne appelée Commu-nion, l'ITE MISSA EST, la bénédiction et le dernier évangile, composent la sixième partie de la messe.

281. D. *Que veut dire l'*ITE MISSA EST ?

R. Ce sont les paroles par lesquelles le prê-tre congédie l'assemblée. La Messe autrefois se terminait à ces paroles. — Il faut remarquer que dans les messes de pénitence on les rem-place par le BENEDICAMUS DOMINO, et dans les messes des morts par le REQUIESCANT IN PACE.

282. D. *Comment doit-on recevoir la bénédic-tion à la fin de la Messe ?*

R. On doit la recevoir à genoux, faisant avec un profond respect le signe de la croix, et pre-nant la résolution de conserver les fruits du saint Sacrifice que l'on vient d'entendre et dont cette bénédiction est comme la clôture.

283 D. *Que savez-vous de l'origine du der-nier Évangile ?*

R. On dit qu'autrefois les fidèles venant en grand nombre se faire réciter cet évangile IN PRINCIPIO, ont pris le parti de le réciter une fois sur tout le peuple, afin de satisfaire sa dévotion.

284. D. *Qu'avez-vous remarqué dans les messes célébrées devant le Saint-Sacrement exposé?*

R. C'est que le prêtre fait la génuflexion devant le Tabernacle, au lieu d'une inclination, toutes les fois qu'il passe d'un côté à l'autre de l'autel, qu'il en quitte le milieu ou qu'il y revient ; en second lieu, qu'il fait toujours en sorte, autant que possible, de ne jamais tourner absolument le dos au Saint-Sacrement.

285. D. *Qu'y-a-t-il à remarquer dans les messes des morts?*

R. C'est que : 1º on supprime le psaume JUDICA ME et tous les chants de joie tels que le GLORIA IN EXCELSIS, le GLORIA PATRI et L'ALLELUIA ; 2º on n'y dit point de CREDO, qui appartient spécialement aux messes plus solennelles ; 3º on n'y fait aucune bénédiction et l'on n'y donne pas celle de la fin de la messe ; 4º à L'AGNUS DEI, au lieu de MISERERE NOBIS, on dit DONA EIS REQUIEM, sans se frapper la poitrine ; 5º on n'y donne pas la paix, ce qui fait que l'on supprime la première des trois oraisons avant la communion.

## § III

### De la messe haute et solennelle.

286. D. *Qu'appelle-t-on grand'messe?*

R. On appelle ainsi, ou encore MESSE HAUTE, la messe qui se célèbre avec chant, avec des cérémonies extérieures plus pompeuses et un plus grand nombre de ministres.

287. D. *Qu'appelle-t-on messe solennelle?*

R. On appelle proprement MESSE SOLEN-NELLE la grand'messe où le prêtre est assisté par un diacre et un sous-diacre, et non pas seulement par des clercs inférieurs, comme des enfants de chœur.

288. D. *Quelles sont les cérémonies qui pré-cèdent la grand'messe du dimanche?*

R. Ce sont la bénédiction de l'eau et l'asper-sion.

289. D. *Comment se fait la bénédiction de l'eau?*

R. Elle se fait dans le chœur ou à la sacris-tie, comme l'on veut. Le prêtre, revêtu du surplis et de l'étole ou de l'aube et de l'étole de la couleur du jour, récite ou chante plusieurs orai-sons par lesquelles il exorcise et bénit le sel et l'eau, dont il fait ensuite le mélange AU NOM

DU PÈRE, DU FILS ET DU SAINT-ESPRIT. Se revêtant ensuite de la chape, il fait l'aspersion sur les fidèles.

290. D. *Quel est le but de cette aspersion de l'eau bénite?*

R. C'est de purifier les fidèles du reste de leurs péchés afin qu'ils soient plus dignes d'assister au saint sacrifice de la messe, et de remplir ainsi avec la piété convenable la plus importante des obligations du dimanche.

291. D. *Quel usage doit-on faire de l'eau bénite?*

R. On doit s'en servir pour faire avec piété le signe de la croix en entrant dans l'église, en avoir dans sa maison pour en prendre matin et soir, et dans les grands dangers du corps et de l'âme, comme dans un moment d'orage ou dans les tentations. Celui qui porte le bénitier dans les cérémonies doit toujours le faire avec beaucoup de respect, et éviter de répandre l'eau bénite qu'il contient.

292. D. *Quelles sont les parties de la messe que l'on chante?*

R. Ce sont toutes celles que le prêtre récite à haute voix dans les messes basses ; c'est-à-dire tout depuis L'INTROÏT jusqu'à l'oblation du pain, excepté la prière MUNDA COR MEUM qui est toujours dite en secret avant l'évangile. Ensuite la Préface, le SANCTUS, le PATER, L'AGNUS DEI, l'antienne appelée Communion ; les oraisons après la communion, et L'ITE MISSA EST ; mais les prélats seuls donnent en chantant la bénédiction de la fin de la messe.

293. D. *Que chante le prêtre à la messe haute ?*

R. Il chante les Oraisons, la Préface, le PATER, entonne le GLORIA IN EXCELSIS et le CREDO, et s'il n'y a pas de diacre, il chante L'ITE MISSA EST.

294. D. *Par qui est chantée l'Épitre ?*

R. Elle est chantée par le sous-diacre.

295. D. *Par qui est chanté l'Évangile ?*

R. L'Évangile est chanté par le diacre.

296. D. *Quel est le but du chant et des cérémonies ?*

R. C'est de relever la solennité de nos saints mystères et surtout de captiver par les sens l'attention du cœur chrétien, afin qu'il se tienne plus fidèlement attaché à la pensée des choses saintes pendant l'office.

297. D. *Quel est l'usage de l'encens dans les cérémonies de l'Église ?*

R. L'Église offre de l'encens à Dieu ; mais elle s'en sert encore pour honorer les reliques des saints, les tableaux, les images et aussi pour témoigner son respect pour les choses qu'elle a consacrées par une bénédiction particulière, et même pour ses ministres et les simples fidèles ses enfants.

298. D. *Expliquez-nous le but que se propose l'Église dans les différentes circonstances où elle emploie l'encens ?*

R. L'Église offre l'encens à la Sainte-Trinité, et à Notre-Seigneur Jésus-Christ dans l'Eucharistie, pour reconnaître le souverain domaine du Dieu du ciel et de la terre. Mais lorsqu'elle brûle de l'encens devant les reliques des saints, c'est pour honorer les amis de Dieu et des corps qui furent les temples du Saint-Esprit. C'est dans le même sens qu'elle ordonne d'encenser les fidèles qui assistent à ces solennités, et leur corps au jour de leur sépulture.

299. D. *L'encens n'a-t-il pas une autre signification mystérieuse ?*

R. Oui : offert à Dieu, il représente selon la Saint-Écriture (Apocalypse), les prières des fidèles qui montent jusqu'au trône de Dieu ; — offert aux ministres de l'autel et aux fidèles, il leur rappelle qu'ils doivent porter partout la bonne odeur de Jésus-Christ.

300. D. *Comment est offert l'encens dans l'Église ?*

R. On l'offre à genoux quand il a directement Dieu pour objet ; dans tous les autres cas, on l'offre debout.

301. D. *Comment se fait l'encensement de l'autel aux messes solennelles ?*

R. Le célébrant après avoir béni l'encens, se tourne vers le tabernacle et encense par trois fois et debout la croix qui le surmonte : puis il encense deux coups de chaque côté vers les reliques ou statues qui sont entre les chandeliers (s'il n'y en a pas, il supprime cet encensement ; et, enfin il encense le dessus, les côtés et le devant de l'autel, à droite et à gauche, après quoi il rend l'encensoir au diacre qui l'encense de trois coups. Si le Saint-Sacrement est exposé, l'encensement du tabernable se fait à genoux. A l'Offertoire, avant l'encensement de l'autel, le prêtre encense les offrandes, c'est-à-dire l'hostie et le calice. L'encensement de l'autel terminé, on va encenser le clergé et les fidèles.

302. D. *Pourquoi tandis que les fidèles et les clercs inférieurs ne sont encensés que de quelques coups en général, les prêtres et les ministres de l'autel sont-ils encensés séparément d'un ou plusieurs coups ?*

R. C'est pour reconnaître dans les premiers, la sublimité du caractère sacerdotal, et pour honorer. dans les seconds, le privilège qu'ils ont d'être admis au service de l'autel.

303. D. *Comment doivent se tenir les fidèles pendant l'encensement du peuple ?*

R. Tous doivent se lever.

304. D. *Qu'y a-t-il de particulier à l'élévation dans les messes solennelles ?*

R. C'est que pendant cet auguste moment, des clercs tiennent près de l'autel des torches ou grands flambeaux allumés, et que le sous-diacre ou le thuriféraire, encense le corps et le sang de Notre-Seigneur, pendant que le prêtre les élève et les offre à l'adoration des fidèles.

305. D. *Pourquoi aux messes solennelles le sous-diacre tient-il la patène enveloppée dans un voile, depuis l'Offertoire jusqu'au* PATER ?

R. Parce qu'autrefois la patène étant fort grande et gênante sur l'autel, on la donnait à garder au sous-diacre jusqu'au moment de la communion ; ce n'est plus qu'un souvenir de l'ancien usage. On ne la replace sur l'autel que lorsque le prêtre a besoin d'y déposer la sainte hostie après l'avoir rompue.

306. D. *Pourquoi à ces messes tout le clergé s'embrasse-t-il après* L'AGNUS DEI ?

R. C'est le baiser de paix que se donnaient autrefois tous les fidèles avant d'aller recevoir la sainte communion. Le clergé a seul conservé ce touchant usage ; mais les fidèles doivent se souvenir en voyant cette belle cérémonie, qu'il leur faut entretenir dans leur cœur pour tous leurs frères, la charité que représente le baiser de paix du clergé.

307. D. *Qu'est-ce que la messe paroissiale ?*

R. On donne ce nom à la messe solennelle que l'on chante dans les églises paroissiales les jours de dimanche et de fête. Cette messe est offerte à L'INTENTION SPÉCIALE des fidèles, et l'on y fait l'aspersion de l'eau bénite, les prières et annonces du prône, le sermon, la bénédiction du pain et l'offrande des fidèles. En France, on chante à cette messe la prière pour l'État, le DOMINE SALVAM.

308. D. *Qu'est-ce que le Prône ?*

R. On appelle ainsi la réunion 1º des prières publiques pour l'Église, l'État et tous les fidèles vivants et morts ; 2º des annonces des fêtes, jeûnes, cérémonies particulières et messes de la semaine ; 3º des publications de promesse de mariage ; 4º de la lecture de l'Évangile en langue vulgaire ; et 5º de l'instruction ou sermon que les pasteurs de l'Église font le dimanche à leurs paroissiens.

309. D. *Comment se fait l'offrande ?*

R. Lorsqu'à la messe solennelle il y a offrande

du clergé et du peuple, le célébrant descend à l'entrée du sanctuaire pour la recevoir. Chacun se présente devant le prêtre, baise l'instrument de paix, et dépose son offrande, c'est-à-dire une pièce de monnaie, selon ses moyens et sa volonté.

310. D. *D'où vient cet usage?*

R. C'est qu'autrefois les fidèles apportaient à l'autel le pain le vin et la cire nécessaires pour célébrer les saints mystères ; plus tard l'usage s'introduisit d'offrir non plus les choses elles-mêmes, mais l'argent nécessaire pour les acheter, et c'est ce qui subsiste encore de nos jours.

311. D. *Ne pourriez-vous pas citer quelque beau vestige de cet ancien usage?*

R. Oui, il y en a plusieurs exemples. En beaucoup de pays, dans les offices pour les morts, trois clercs de l'Église ou quelques parents du défunt, présentent à l'offrande, l'un un cierge de cire, l'autre un pain, et le troisième du vin dans un vase ; le reste de l'assistance vient ensuite présenter son offrande en argent. — Dans certains pays vignobles, à Argenteuil par exemple, à la messe d'actions de grâces après la vendange, le chef des vignerons présente à l'offrande, dans la burette, du vin de la nouvelle récolte, et c'est ce vin qui sert au saint sacrifice pour la consécration du précieux sang. Une coutume à peu près semblable se retrouve à Chartres et ailleurs : le sixième jour d'août, fête de la Transfiguration de Notre-Seigneur, le diacre presse au-dessus du calice une grappe de raisin nouveau qui a été présentée à l'offrande.

312. D. *Citez-nous encore un vestige de l'offrande?*

R. C'est l'offrande du pain bénit, qui cependant n'a lieu qu'en France.

313. D. *Quelle est l'origine du pain bénit?*

R. Autrefois, comme les fidèles apportaient eux-mêmes à l'offrande le pain qui devait être consacré, et qu'il y en avait trop, on distribuait les restes non consacrés à ceux qui ne communiaient pas, pour les faire participer par une sorte de communion aux grâces dont ils étaient privés. Lorsqu'on cessa d'offrir en nature le pain même du sacrifice, les fidèles prirent la coutume d'en présenter à la bénédiction du prêtre, et c'est là l'origine du pain bénit dont la pieuse coutume subsiste surtout dans notre pays.

# CHAPITRE II

## DE L'OFFICE DIVIN

314. D. *Qu'est-ce que l'office divin ?*

R. L'office divin qu'on appelle aussi Heures canoniales, est un recueil de prières disposées dans un certain ordre par l'Église pour être chantées par les fidèles réunis aux prêtres ; ou récitées par ces derniers, au nom de tous les fidèles qui ne peuvent y assister tous les jours.

315. D. *De quoi est composé l'office divin en général ?*

R. Il est composé de psaumes, d'antiennes, de leçons, d'hymnes, de répons et d'oraisons ou prières rédigées par l'Église dans une forme particulière.

316. D. *Par quoi commencent les différentes heures de l'office et comment les termine-t-on ?*

R. Les heures de l'office commencent toutes par la prière DEUS IN ADJUTORIUM, etc... Seigneur venez à mon aide, tirée du psaume 69<sup>e</sup>, avec GLORIA PATRI, et elles se terminent par la prière BENEDICAMUS DOMINO. Il n'y a d'exception que pour les trois jours de la semaine sainte et pour l'office des morts.

317. D. *Comment se divise l'office divin?*

R. En deux parties principales auxquelles on donne les noms D'OFFICE DE LA NUIT et D'OFFICE DU JOUR.

318. D. *Comment appelle-t-on l'office de la nuit et quel est son but?*

R. On l'appelle MATINES, NOCTURNES ou VIGILES. Il a pour but de consacrer par la prière le repos de la nuit à l'exemple du prophète David qui SE LEVAIT AU MILIEU DE LA NUIT POUR PROCLAMER LA GRANDEUR DE DIEU.

319. D. *Est-ce que les Matines se récitent toujours au milieu de la nuit?*

R. Non, l'Église par indulgence permet de les chanter ou réciter le matin ou la veille au soir. Il n'y a plus que les religieux et plusieurs chapitres qui, de nos jours encore, les chantent la nuit.

320. D. *De quoi se composent les Matines?*

R. Elles se composent d'un psaume appelé INVITATOIRE, d'une hymne et d'un ou de trois NOCTURNES, c'est-à-dire prières de la nuit. Le nocturne unique se compose de douze psaumes et de trois leçons. Quand il y a trois nocturnes (ce qui a lieu aux fêtes et offices d'un degré supérieur), ils se composent chacun de trois psaumes, de trois leçons et d'autant de répons. Le premier nocturne du dimanche fait précéder les leçons du premier nocturne de douze psaumes.

321. D. *Pourquoi le psaume qui commence les Matines se nomme-t-il* INVITATOIRE?

R. Parce qu'il est une invitation à louer le Seigneur. L'antienne que l'on répète après plusieurs versets se termine presque toujours par les paroles : VENITE, ADOREMUS ; Venez, adorons (le Seigneur). — On chante aussi ce psaume à l'office des morts ; mais seulement aux Vigiles solennelles.

322. D. *Qu'est-ce que les Hymnes?*

R. Ce sont des chants de joie composés en vers en l'honneur de Dieu, de la Sainte Vierge et des Saints. Il n'y en a pas dans les offices lugubres de la semaine sainte et des morts.

323. D. *Qu'est-ce que les Psaumes?*

R. Ce sont les cantiques composés par le prophète David, dans lesquels il chante la grandeur et la bonté de Dieu. — Les psaumes forment la plus grande partie de l'office divin.

324. D. *Qu'est-ce que les Antiennes?*

R. Ce sont des prières ou maximes tirées le plus souvent des psaumes, on les chante avant et après les psaumes, ou seulement après quand l'office n'est pas double.

325. D. *Qu'est-ce que les Répons ?*

R. Les répons sont à peu près la même chose que les antiennes. On les appelle répons parce qu'après un verset chanté par des voix seules, tout le chœur répond en répétant une partie de l'antienne. — On appelle RÉPONS BREFS de petits répons très courts, tels que l'IN MANUS des Complies. Il y a un répons bref à chacune des petites heures.

326. D. *Qu'est-ce que les Leçons ?*

R. Ce sont des passages de l'Écriture ou des ouvrages des saints docteurs que l'Église a ordonné de lire pendant les offices de nuit. C'est une lecture : voilà pourquoi le chant en est très simple.

327. D. *Qu'est-ce que le* TE DEUM ?

R. C'est un cantique en l'honneur de la Sainte-Trinité, composé, à ce que l'on croit, par saint Ambroise et saint Augustin. Il termine toujours l'office de la nuit dans les jours de fête. On le chante aussi en certaines circonstances pour rendre grâce à Dieu de quelque évènement heureux pour l'Église, pour l'État ou pour la paroisse ; mais alors sur l'ordre ou avec la permission de l'évêque diocésain.

328. D. *Qu'est-ce que les Laudes ?*

R. Les Laudes ou LOUANGES MATINALES sont les prières de l'office que l'on chantait et que les religieux chantent encore au lever de l'aurore, elles suivent ordinairement les Matines.

329. D. *Comment se divise l'office du jour ?*

R. Il comprend plusieurs heures de prières appelées Prime, Tierce, Sexte, None, Vêpres et Complies.

330. D. *Qu'est-ce que Prime ?*

R. C'est la première des heures de l'office qu'on appelle PETITES HEURES, comparées à celles de Matines, Laudes et Vêpres qui sont plus longues et plus solennelles. On l'appelle Prime parce qu'elle se chante à six heures du matin, que les anciens appelaient la première heure du jour.

331. D. *Quelle a été l'intention de l'Église en instituant cette prière de la première heure ?*

R. L'intention de l'Église a été de consacrer à Dieu la journée du chrétien et de lui en offrir toutes les actions, comme on peut s'en convaincre par la lecture des prières de cet office.

332. D. *Qu'est-ce que Tierce, Sexte et None ?*

R. Ce sont les prières qui se chantent à neuf heures du matin, que l'on appelait autrefois la troisième heure du jour ; à midi qui était la sixième, et à trois heures qui était la neuvième.

333. D. *De quoi se composent ces trois petites heures ?*

R. Après le DEUS IN ADJUTORIUM, on chante une hymne de trois strophes. — Trois divisions du psaume 118e avec GLORIA PATRI, une antienne, un capitule, un répons bref et la collecte de la messe du jour.

334. D. *Quels sont les mystères que l'Église honore dans ces heures différentes ?*

R. A Tierce, l'Église veut honorer la descente du Saint-Esprit sur les Apôtres ; à Sexte, le crucifiement de Notre-Seigneur ; à None, sa mort sur la croix pour le salut des hommes : trois mystères qui ont eu lieu à ces mêmes heures.

335. D. *Qu'est-ce que les Vêpres ?*

R. Les Vêpres sont la partie de l'office qui se chante sur le soir, (en latin : HORÆ VESPERTINÆ, heures du soir).

336. D. *De quoi se composent les Vêpres ?*

R. Les Vêpres se composent de cinq psaumes avec leurs antiennes, d'une hymne et du cantique de la Sainte-Vierge avec son antienne; elles se terminent par une oraison et le chant du BENEDICAMUS.

337. D. *Qu'est-ce que les Complies ?*

R. Complies, en latin COMPLETORIUM, est l'heure qui complète ou finit la journée chrétienne. C'est la partie de l'office que l'on chantait et que les religieux chantent encore à la fin du jour; c'est là vraiment la PRIÈRE DU SOIR et la plus belle de toutes.

338. D. *Comment est disposée cette heure de l'office?*

R. Après une petite leçon chantée par le lecteur et l'oraison dominicale, l'officiant fait alternativement avec le chœur, la confession des péchés par la récitation du CONFITEOR. Puis on chante quatre psaumes, l'antienne MISERERE, l'hymne TE LUCIS ANTE TERMINUM qui est proprement une prière pour demander une bonne et sainte nuit; un capitule, le répons bref IN MANUS, le cantique de saint Siméon : NUNC DIMITTIS et une oraison; l'officiant donne la bénédiction, et enfin l'on chante une antienne à la Sainte-Vierge. Après cette antienne, l'office de la journée se termine par le PATER, l'AVE MARIA et le CREDO que chacun récite à voix basse.

339. D. *Quelles sont les heures les plus so-lennelles de l'office ?*

R. Ce sont les Matines, les Laudes et les Vêpres auxquelles l'officiant et ses assistants se revêtent de chapes dans les fêtes solennel-les. — A Laudes et à Vêpres, pendant le can-tique qui les termine, on encense l'autel avec le même cérémonial qu'à la messe solen-nelle.

340. D. *Pourquoi la rubrique prescrit-elle de faire le signe de la croix lorsque les chantres entonnent le* BENEDICTUS *à Laudes, le* MAGNIFI-CAT *à Vêpres, et le* NUNC DIMITTIS *à Complies ?*

R. Parce que ces trois cantiques sont tirés du saint Évangile.

341. D. *Quelles remarques générales pour-riez vous faire sur l'office des morts ?*

R. 1º l'office des morts n'a ni petites heures ni Complies ; il n'a que les premières Vêpres, les Matines et les Laudes ; 2º on n'y chante point le GLORIA PATRI, mais on dit à la place : REQUIEM ÆTERNAM DONA EIS DOMINE, etc. ; Seigneur, donnez-leur le repos éternel... : 3º on n'y chante jamais d'hymne, ni le TE DEUM.

342. D. *Dans quels sentiments doit-on assis-ter à l'office des morts ?*

R. Il faut prier avec ferveur pour le défunt et pour les trépassés, penser qu'un jour aussi pour nous viendra la mort, et demander à Dieu la grâce de mourir dans la justice et de se réconcilier avec le souverain juge.

343. D. *Quelle est la meilleure manière d'assister aux offices de l'Église?*

R. C'est de les suivre autant que possible, et de chanter avec le chœur, si on sait le faire et si l'on en a la force, mais on doit observer de ne jamais chanter quand les ministres du chœur chantent seuls, comme aux intonations, et surtout quand c'est l'officiant qui chante.

344. D. *Que doit-on observer pour se lever, s'asseoir, s'agenouiller à l'office?*

R. Le meilleur moyen de faire ces choses comme il convient, est de suivre les mouvements du chœur.

# CHAPITRE III

## DE QUELQUES CÉRÉMONIES PARTICULIÈRES.

### § I

#### Des processions.

345. D. *Qu'est-ce que les processions ?*

R. Les processions sont des cérémonies où l'on marche avec ordre en récitant des prières.

346. D. *Quel est le but des processions ?*

R. Il est différent, selon les circonstances : les unes sont instituées pour célébrer des mystères joyeux ; d'autres pour prier la Sainte-Vierge et les Saints, en se rendant, par exemple, à quelque pèlerinage solennel, mais la plupart sont des exercices de pénitence. Il est parlé dans la troisième partie, du but des différentes processions qui se font dans l'année.

347. D. *Pourquoi porte-t-on la croix en tête des processions ?*

R. Pour nous apprendre que nous ne pouvons aller au ciel qu'à la suite de Jésus crucifié, et c'est pour cela que le crucifix est tourné en avant pour mieux figurer le Sauveur du monde marchant à notre tête et nous traçant le chemin du salut.

348. D. *Que fait le diacre au moment où l'on part de l'église pour une procession?*

R. Il se retourne vers les fidèles et chante : PROCEDAMUS IN PACE, Marchons en paix ; et le peuple répond : IN NOMINE CHRISTI, AMEN : Au nom de Jésus-Christ, ainsi soit-il. C'est pour nous apprendre que nous ne pouvons avoir la paix en ce monde, que si nos démarches et nos actions sont conformes aux exemples et à la volonté de Notre-Seigneur.

## § II

### De la bénédiction du Saint-Sacrement et du Salut.

349. D. *Qu'est-ce que le* SALUT ?

R. C'est une cérémonie qui a lieu ordinairement vers le soir, après l'office, et dont la principale action est la bénédiction qu'on donne aux fidèles avec le Saint-Sacrement, soit renfermé dans le ciboire, soit exposé visiblement dans l'ostensoir.

350. D. *L'une de ces deux bénédictions est-elle meilleure que l'autre ?*

R. Ce serait une grande erreur que de le croire, puisque dans l'une comme dans l'autre, c'est Jésus-Christ lui-même, réellement présent dans l'Eucharistie qui daigne nous bénir.

351. D. *De quoi se compose le salut ?*

R. Lorsqu'il est solennel, il se compose au moins du TANTUM ERGO, avec le verset et l'Oraison du Saint-Sacrement. Dans les divers diocèses les usages approuvés permettent de faire précéder le TANTUM ERGO de plusieurs chants en l'honneur de la Sainte-Vierge ou des Saints et pour le Souverain Pontife.

352. D. *Comment doit-on assister au salut ?*

R. Dans les sentiments d'un profond respect pour la présence réelle de Notre-Seigneur, et avec une grande reconnaissance pour la bénédiction qu'il veut bien nous donner lui-même entre les mains de son ministre.

## § III

### Des Cérémonies usitées dans l'administration des Sacrements.

353. D. *Quelles sont les cérémonies qui frappent le plus dans l'administration du sacrement de baptême ?*

R. Ce sont les EXORCISMES ou les prières par lesquelles on chasse le démon du corps de l'enfant; le sel qu'on lui met dans la bouche et qui représente la sagesse; l'infusion de l'eau ou le baptême proprement dit, par laquelle l'âme est purifiée de la tache originelle; les onctions par lesquelles le prêtre consacre ce nouveau temple du Saint-Esprit; le CHRÉMEAU, petit linge blanc ou bonnet qu'on met sur la tête de l'enfant après l'onction du saint Chrême et qui est le symbole de la robe d'innocence que le chrétien doit représenter sans tache au jugement de Dieu; enfin le cierge allumé qui représente la foi et la charité qui doivent demeurer ardentes et brillantes dans nos mains pour aller au-devant de Jésus-Christ lorsqu'il viendra nous juger.

354. D. *Quels sentiments doit entretenir dans son cœur un chrétien lorsqu'il assiste à un baptême ?*

R. Il doit renouveler lui-même les promesses de son baptême, remercier Dieu pour celui qu'il daigne admettre au nombre de ses enfants, et demander pour le nouveau baptisé la grâce de la persévérance dans le bien, et de la fidélité à ses engagements.

355. D. *Avec quels sentiments un enfant chrétien doit-il assister le prêtre qui donne la sainte communion ?*

R. Il doit exciter en lui-même le désir de recevoir la sainte Eucharistie et demander à Dieu la grâce de faire une bonne première communion.

356. D. *Que remarquez-vous dans l'administration de l'Extrême-Onction ?*

R. On y doit remarquer l'entrée du prêtre dans la maison à laquelle il souhaite d'abord la paix du Seigneur; l'aspersion de l'eau bénite par laquelle il éloigne l'esprit du mal, et enfin les onctions faites sur les membres du malade pour le purifier du reste de ses fautes. Ces onctions sont comme une consécration nouvelle de ce temple de l'Esprit-Saint, trop souvent souillé par le péché.

357. D. *Comment doit-on accompagner le prêtre chez les malades ?*

R. Il faut avoir une tenue modeste et posée, qui montre la compassion pour la douleur de la famille du malade ; penser que tôt ou tard, selon la volonté du Seigneur, on arrivera soi-même à cette extrémité, et demander à Dieu de ne pas mourir sans recevoir les derniers sacrements.

358. D. *Que doit-on faire lorsqu'on assiste à la touchante cérémonie de l'ordination des prêtres et des autres ministres des autels ?*

R. Un bon chrétien doit prier pour les ecclésiastiques auxquels il voit donner l'ordination, afin qu'ils soient tous de dignes ministres de la sainte Église ; suivre attentivement les cérémonies de l'ordination qui sont très édifiantes, et enfin recevoir avec respect et dévotion la bénédiction que donne l'évêque à la fin de la cérémonie.

359. D. *Que faut-il éviter en assistant à un mariage ?*

R. Il faut éviter les distractions et prier pour les époux afin que Dieu bénisse leur union et la rende heureuse pour la terre et pour le ciel.

## § IV

### De la Sépulture chrétienne.

360. D. *Quelle est la dernière marque de tendresse que notre sainte mère l'Église donne à ses enfants ?*

R. Ce sont les dernières prières sur leur dépouille mortelle, et les imposantes cérémonies de la sépulture chrétienne.

361. D. *Comment se font les cérémonies des funérailles ?*

R. Le clergé se rend à la maison du défunt. Arrivé près du cercueil on récite le DE PROFUNDIS. On enlève le corps que l'on porte à l'église en chantant le MISERERE. Arrivé à l'église, on chante l'admirable répons SUBVENITE, puis la messe des morts ou quelque autre partie de l'office des morts selon les circonstances. On fait près du cercueil, des prières que l'on nomme l'ABSOUTE, pendant lesquelles on asperge et on encense le corps du défunt; après quoi on l'emporte au cimetière en chantant l'antienne IN PARADISUM : Que les anges vous conduisent dans le Paradis. Sur le bord de la fosse on chante le BENEDICTUS, avec l'antienne EGO SUM RESURRECTIO : Je suis la Résurrection, etc... On asperge et l'on encense le corps pendant le PATER. Enfin lorsque le cercueil est descendu dans la fosse, le prêtre jette de l'eau bénite, chante une dernière fois REQUIESCAT IN PACE : Qu'il repose en paix, et le clergé se retire.

362. D. *Quel est l'esprit général des prières*

6

*de l'Église dans les inhumations ou offices funèbres ?*

R. L'Église met toujours dans la bouche des assistants, au nom du défunt, des paroles de repentir, des supplications pour obtenir miséricorde, des pensées d'espérance. Quelquefois aussi elle s'adresse elle-même au défunt par des souhaits pleins de tendresse et de confiance en la bonté de Dieu. Par exemple, dans le verset du répons SUBVENITE : SUSCIPIAT TE CHRISTUS, etc. : « Que N. S. J.-C. qui vous appelle, vous reçoive, et que les Anges vous conduisent dans le sein d'Abraham. » — De même dans l'antienne IN PARADISUM : « Que les Anges vous conduisent dans le Paradis, que les martyrs vous reçoivent à votre arrivée dans le Ciel, qu'ils vous conduisent dans la céleste Jérusalem ; puissiez-vous, près de Lazare, autrefois pauvre, avoir le repos éternel ! »

363. D. *Pourquoi porte-t-on des cierges aux enterrements, et en place-t-on près du défunt ?*

R. On peut en donner plusieurs raisons : 1° les cierges témoignent de la ferveur des prières faites pour le défunt par ceux qui les portent ; 2° placés autour du corps, ils représentent l'ardeur de sa foi pendant sa vie, et l'espérance qu'il eût dans une vie future où il doit jouir de la lumière de Dieu ; 3° ils honorent jusqu'aux derniers restes d'un enfant de l'Église, et d'un corps plus d'une fois marqué de l'huile sainte.

364. D. *Pourquoi fait-on usage de l'eau bénite aux funérailles ?*

R. Afin d'obtenir de Dieu pour le défunt une grâce complète de pardon pour ses péchés.

365. D. *Pourquoi encense-t-on le défunt ?*

R. Pour honorer une dernière fois ce corps qui fut le temple du Saint-Esprit et qui est destiné à ressusciter un jour.

366. D. *Comment place-t-on le corps des fidèles à l'Église ?*

R. On le place le visage tourné vers l'autel. Les prêtres, au contraire, ont le visage tourné vers le peuple, comme s'ils voulaient l'instruire encore, comme pendant leur vie.

367. D. *Quelle est la manière d'ensevelir les évêques, les prêtres et les clercs ?*

R. On les place dans leur cercueil revêtus des ornements de leur ordre qui sont de couleur violette. Les évêques et les prêtres sont habillés comme pour célébrer le saint sacrifice de la messe. Les simples clercs ou tonsurés sont habillés en soutane et en surplis, les religieux et les religieuses dans le costume de leur ordre.

368. D. *Qu'y a-t-il de particulier dans les funérailles des petits enfants ?*

R. 1° En les ensevelissant, on leur place sur la tête une couronne de fleurs odoriférantes en signe de leur innocence ; 2° le prêtre prend des ornements blancs et on ne fait entendre que des chants de joie ; 3° on porte à leur convoi la croix sans bâton pour marquer que leurs jours ont été abrégés, et que leur pèlerinage sur la terre a été de courte durée.

369. D. *Pourquoi l'Église qui fait entendre des chants de tristesse aux funérailles des personnes plus âgées, prend-elle des chants de joie à l'enterrement des petits enfants morts avec le baptême ?*

R. Comme ces enfants n'ont pu offenser Dieu, n'ayant pas de raison, leur salut est assuré, et l'Église ne peut que se réjouir de les voir délivrés des peines de cette vie et mis en possession du bonheur du ciel.

370. D. *Qu'appelle-t-on service ?*

R. On donne ce nom aux offices célébrés pour un ou plusieurs défunts quelque temps après leur mort ou au jour anniversaire de leur trépas.

# TROISIÈME PARTIE

## DES FÊTES DE L'ÉGLISE
### OU L'ANNÉE LITURGIQUE

## CHAPITRE Ier
### DIVISION ET DEGRÉS DES FÊTES DE L'ÉGLISE ROMAINE

371. D. *Comment se divisent les solennités de l'Église ?*

R. Elles se divisent en Propre du temps et en Propre des saints, selon que l'office se fait conformément à l'esprit du temps où l'on se trouve, ou selon l'esprit des fêtes que l'Église a instituées en l'honneur des mystères de la Sainte-Vierge et des saints.

372. D. *Comment se divise le Propre du temps ?*

R. Il se divise en Dimanches et Féries et comprend cinq grandes époques appelées le temps de l'Avent, le temps de Noel et de l'Épiphanie, le temps de la Septuagésime

6.

et du CARÊME, le TEMPS PASCAL et les DI-
MANCHES APRÈS LA PENTECÔTE.

373. D. *Qu'appelle-t-on Dimanches et Féries ?*

R. Le Dimanche est le jour consacré au Seigneur, où l'on doit assister aux offices et s'abstenir de travailler. Les féries, ou jours libres,
sont les jours où aucune fête n'empêche de
vaquer aux occupations ordinaires. Dans le
langage de l'Église, on dit que l'on fait l'office
de la férie ou du Dimanche, lorsqu'on ne célèbre en ces jours aucune fête de saint ; alors
on prend l'office au propre du temps.

374. D. *Qu'appelez-vous Dimanches et féries
privilégiés ?*

R. On appelle dimanches privilégiés les dimanches qui n'admettent aucune fête. Les
féries privilégiées n'admettent pas les fêtes
simples et on doit toujours faire mémoire de
ces mêmes féries, lorsqu'on n'en fait pas l'office. Il y a les féries majeures qui n'admettent
aucune fête, telles que l'octave de l'Épiphanie, la quinzaine de Pâques et l'octave de la
Pentecôte.

375. D. *Quels sont les degrés des fêtes ?*

R. Le premier degré est le DOUBLE DE
PREMIÈRE CLASSE : ce sont les plus grandes
solennités comme Noël, Pâques, la Pentecôte,
etc. Viennent ensuite le DOUBLE DE SECONDE

CLASSE, le DOUBLE MAJEUR, le DOUBLE MI-
NEUR, le SEMI-DOUBLE, qui le cède au dimanche, étant du même degré, mais moins digne,
et enfin le SIMPLE, qui est la moins solennelle
de toutes les fêtes et dont on ne fait que mémoire dans les féries privilégiées.

376. D. *Qu'est-ce qu'une Octave ?*

R. On appelle Octave d'une fête, les huit
jours pendant lesquels on fait l'office ou la
mémoire de cette fête, en comptant le jour
même de la solennité.

377. D. *Qu'est-ce qu'une octave privilégiée ?*

R. C'est celle qui n'admet aucun autre office
que celui de la fête dont on fait l'octave ; telles sont les octaves de l'Épiphanie, de Pâques
et de la Pentecôte.

378. D. *Qu'est-ce que faire mémoire d'une
fête, d'un saint ou d'une férie ?*

R. Cela consiste à réciter à Matines une
leçon de ces offices et en rappeler le souvenir
1º à Laudes et aux PREMIÈRES VÊPRES par
une antienne, un verset et une oraison; 2º à
la messe par trois oraisons : la COLLECTE, la
SECRÈTE, et la POST-COMMUNION.

# CHAPITRE II

## PROPRE DU TEMPS

### § I

**De l'Avent.**

379. D. *Quand commence l'année chrétienne ?*

R. Elle commence le premier dimanche de l'Avent.

380. D. *Qu'est-ce que l'Avent ?*

R. On donne le nom d'Avent aux quatre semaines qui précèdent la fête de Noël.

381. D. *Que veut dire ce mot* Avent ?

R. Il signifie avènement ou arrivée.

382. D. *De qui attend-on l'arrivée pendant l'Avent ?*

R. Celle de l'Enfant-Jésus, notre Sauveur.

383. D. *Que représentent ces quatre dimanches de l'Avent ?*

R. Ils représentent les quatre mille ans qui ont précédé la venue de Jésus-Christ sur la terre.

**384. D.** *Que remarquez-vous de particulier dans les cérémonies de l'Église pendant le temps de l'Avent ?*

R. Deux choses : les ornements violets et le chant du RORATE.

**385. D.** *Pourquoi l'Église prend-elle des ornements violets ?*

R. Parce que dans sa pensée le violet désigne la pénitence, ainsi qu'on l'a vu en parlant de la couleur des ornements.

**386. D.** *Pourquoi l'Église se sert-elle des vêtements de pénitence ?*

R. Parce qu'autrefois l'Avent était un temps de pénitence, quoique moins rigoureux que le Carême, et que l'Église, en permettant de ne point jeûner, a voulu laisser néanmoins les signes de deuil dans ses offices, pour nous engager à nous préparer, par la mortification, à bien recevoir l'Enfant-Jésus le jour de Noël.

**387. D.** *Pourquoi ne chante-t-on pas le* GLORIA IN EXCELSIS *aux messes du temps de l'Avent ?*

R. C'est toujours dans le même esprit de pénitence que l'Église s'abstient de ce chant de joie.

**388. D.** *Mais pourquoi chante-t-on l'*ALLELUIA ?

R. L'Église le chante et plus souvent même que dans les dimanches ordinaires, parce que tout en se préparant à la venue de Jésus-Christ par la pénitence et la prière, elle est comblée de joie dans son espérance de voir bientôt ce Dieu enfant.

389. D. *Que pensez-vous du* RORATE *qu'on chante dans nos églises ?*

R. C'est une belle prière dont le chant seul inspire la dévotion. Cette prière cependant n'est pas un chant de l'Église. Elle est accordée à certains diocèses de France par privilège. Il faut se bien pénétrer des sentiments de pieuse attente qu'exprime le prophète et chanter avec foi les paroles RORATE CŒLI, etc. « Cieux, envoyez votre rosée et que les nuées fassent pleuvoir le Juste sur la terre. »

390. D. *Qu'y a-t-il de particulier au* III<sup>e</sup> *dimanche de l'Avent ?*

R. On y reprend, à la messe solennelle, des marques de joie qu'on avait abandonnées : ainsi, on pare l'autel de fleurs, on sonne toutes les cloches, on touche les orgues, et le diacre et le sous-diacre prennent les tuniques au lieu d'être seulement en aube comme aux autres dimanches de l'Avent.

391. D. *Pourquoi cela?*

R. A cause de ces paroles de l'Introït :

GAUDETE, Réjouissez-vous. L'Église nous invite à l'espérance, parce que la venue de Jésus-Christ, notre rédempteur, approche.

392. D. *Ne connaissez-vous rien de particulier dans les derniers jours de l'Avent?*

R. Il y a ce qu'on appelle les *O* de Noël.

393. D. *Qu'est-ce donc que les O de Noël?*

R. On appelle communément ainsi sept antiennes de l'office des derniers jours de l'Avent qui toutes commencent par l'invocation O.

394. D. *Que représentent ces antiennes?*

R. Elles représentent les désirs des patriarches de l'ancienne loi qui soupiraient après la venue du Sauveur.

395. D. *Comment se chantent ces antiennes?*

R. Elles se chantent pendant sept jours avant Noël, une fois avant le MAGNIFICAT et une fois après.

396. D. *Ne connaissez-vous pas quelque pieux usage au sujet de ces antiennes?*

R. Oui, dans quelques pays on chante encore les vêpres vers le soir pendant ces sept jours. On les appelle les vêpres des O de Noël. En d'autres lieux, on ne chante les vêpres que depuis l'hymne CREATOR ALME SIDERUM, ou seulement le MAGNIFICAT avec l'antienne O que l'on double, et l'on donne ensuite la bénédiction du Saint-Sacrement : le peuple appelle cet exercice « le salut des O de Noël ». Les pieux fidèles doivent se faire un bonheur d'assister à ce pieux exercice, afin de se mieux préparer à la fête de Noël.

## § II

### De la Vigile de Noël et des Vigiles en général.

397. D. *Que veut dire le mot Vigile?*

R. Le mot Vigile veut dire veille.

398. D. *Que rappelle ce mot de veille?*

R. Il rappelle l'usage des fidèles d'autrefois qui passaient en prières la nuit qui précédait les grandes fêtes.

399. D. *Cela ne se fait-il plus?*

R. Non, surtout depuis le siècle dernier, quoique cependant on ne puisse dire que ces veilles aient complètement disparu, même en France.

400. D. *Qu'est-il resté de cet usage?*

R. Il en est resté, à la veille des plus grandes fêtes, le jeûne pour tous les fidèles, la couleur violette et des prières de pénitence pour l'office qui est plus long.

401. D. *L'office des Vigiles est-il donc un office de pénitence?*

R. Oui, car le but des Vigiles est la préparation à la solennité du lendemain, ce qui ne saurait mieux se faire que par la pénitence.

402. D. *Ne connaissez-vous pas encore quelque reste des Vigiles anciennes?*

R. Oui, ce sont les Matines des morts auxquelles est resté le nom de Vigiles, pour rappeler qu'on devrait les réciter la nuit, près des dépouilles des morts, comme cela se pratique dans les communautés religieuses et dans les pays où règne la piété.

403. D. *Quelle est la fête où nous retrouvons le plus de traces des anciennes veilles ou Vigiles?*

R. C'est la belle nuit de Noël dont nous passons encore une grande partie dans l'église à chanter les louanges de Dieu à l'office des Matines et des Laudes, et pendant laquelle on célèbre la messe de minuit.

## § III

### De la fête et du temps de Noël.

404. D. *Quel jour célèbre-t-on la fête de Noël?*

R. Le vingt-cinq décembre.

405. D. *Que veut dire ce mot Noël?*

R. Noël signifie nativité ou naissance.

406. D. *De qui célèbre-t-on la naissance ?*

R. On célèbre la naissance de Notre-Seigneur Jésus-Christ, fils de Dieu fait homme.

407. D. *Quel est le passage de l'office de Noël qui rappelle le mieux ce mystère ?*

R. Ce sont les paroles de l'Évangile de saint Jean : « Et le Verbe s'est fait chair, et il a habité parmi nous, » en latin : ET VERBUM CARO FACTUM EST, etc.

408. D. *Que trouvez-vous de plus remarquable dans la fête de Noël?*

R. Ce sont les trois messes que chaque prêtre célèbre ou du moins peut célébrer en ce jour.

409. D. *Quelles sont ces trois messes?*

R. Ce sont : la messe de minuit, la messe de l'aurore et la messe du jour.

410. D. *Que veut nous enseigner l'Église par la messe de minuit?*

R. Elle veut nous faire honorer la naissance temporelle de Jésus-Christ dans l'étable de Bethléem, et l'adoration des anges au moment même de la naissance du Sauveur.

411. D. *Et par la messe de l'aurore?*

R. L'Église nous fait honorer la naissance spirituelle de Jésus-Christ dans nos cœurs par la foi, et l'adoration des bergers.

412. D. *Et enfin par la messe du jour?*

R. A cette troisième messe l'Église nous fait honorer la naissance éternelle de Jésus-Christ dans le sein de son père.

413. D. *Quand commence l'office de Noël?*

R. La veille aux premières Vêpres, comme toutes les grandes fêtes.

414. D. *Chante-t-on ces vêpres solennellement?*

R. On chante les premières vêpres des grandes fêtes dans toutes les cathédrales et dans quelques grandes églises ; mais dans les autres paroisses, on ne les chante que lorsque ces fêtes tombent le lundi, alors elles sont très solennelles.

415. D. *Quand se chantent les Matines de Noël?*

R. Avant la messe de minuit, c'est-à-dire vers dix heures du soir.

416. D. *Et les Laudes?*

R. Aussitôt après la messe de minuit, dont elles sont comme l'action de grâces.

417. D. *Que représentent ces prières de la nuit de Noël?*

R. Elles rappellent les veilles de la nuit que passaient les bergers en se rendant auprés de Jésus enfant, et en gardant leurs troupeaux.

418. D. *Pourquoi célèbre-t-on une messe à minuit ?*

R. Parce que, selon la tradition chrétienne, Notre-Seigneur est né à minuit.

419. D. *A quelle heure dit-on la messe de l'aurore ?*

R. Dès le matin.

420. D. *Quel évangile dit-on à la messe du jour ?*

R. On y lit le commencement de l'évangile selon saint Jean, où l'on trouve ces paroles : ET LE VERBE S'EST FAIT CHAIR, etc.

421. D. *Pourquoi à ces paroles fléchit-on le genou ?*

R. C'est pour adorer le Fils de Dieu fait homme pour notre salut et témoigner à Dieu notre reconnaissance pour une si grande bonté.

422. D. *N'y a-t-il pas un autre moment où on s'agenouille aussi ?*

R. Oui, au CREDO, à ces paroles : ET INCARNATUS EST, HOMO FACTUS EST, et pour la même raison ainsi qu'on l'a dit au numéro 250.

**423. D.** *Qu'observe-t-on de particulier à l'hymne des Vêpres du jour de Noël ?*

R. C'est qu'en l'entonnant, le prêtre étend les mains, les élève et les rejoint à cause sans doute de l'invocation par laquelle elle commence : Jésus, rédempteur du monde, JESU REDEMPTOR OMNIUM.

**424. D.** *Quel est le chant propre au temps de Noël ?*

R. C'est l'ADESTE FIDELES.

**425. D.** *Quel est le but de ce chant ?*

R. C'est d'inviter les fidèles à adorer l'Enfant Jésus dans sa crèche.

**426. D.** *Quelles sont les fêtes de la semaine de Noël ?*

R. Ce sont : 1º la fête de saint Étienne, premier martyr, un des sept premiers diacres de l'Église ; c'est la fête des diacres ; 2º la fête de saint Jean, apôtre et évangéliste ; c'est la fête des prêtres ; 3º enfin, la fête des Saints Innocents qui est depuis bien des siècles la fête des sous-diacres et des ENFANTS DE CHŒUR.

**427. D.** *Quelle fête l'Église célèbre-t-elle le jour de l'octave de Noël ?*

R. C'est la Circoncision de Notre-Seigneur qui a reçu en ce jour le nom de Jésus, qui signifie Sauveur.

428. D. *Quels sentiments doivent animer un chrétien dans cette fête ?*

R. C'est le respect et l'amour pour le nom de Jésus.

429. D. *Comment un chrétien peut-il honorer le nom de Jésus ?*

R. En ne le prononçant jamais qu'avec respect et en inclinant légèrement la tête lorsqu'on chante ce nom sacré.

430. D. *Par quelle faveur l'Église récompense-t-elle cette pieuse pratique ?*

R. Elle accorde des indulgences à ceux qui l'observent, et à ceux qui font de même au GLORIA PATRI.

431. D. *N'y a-t-il pas quelque cérémonie particulière, le jour de la Circoncision ?*

R. Oui, comme c'est le premier jour de l'année, il est d'usage, en certains pays, de chanter le VENI CREATOR, pour implorer les lumières du Saint-Esprit afin de bien passer l'année qui commence, comme il est d'usage aussi, en plusieurs diocèses, de chanter, le 31 décembre, le TE DEUM, pour remercier Dieu des grâces qu'il nous a accordées pendant l'année qui se termine.

## § IV

### De l'Épiphanie jusqu'à la Septuagésime.

432. D. *Quelle fête l'Église célèbre-t-elle après la Circoncision ?*

R. La fête de l'Épiphanie de Notre-Seigneur, le 6 janvier.

433. D. *Que veut dire le mot* ÉPIPHANIE?

R. ÉPIPHANIE veut dire manifestation, c'est la fête de la manifestation de Notre-Seigneur.

434. D. *Quelle est l'intention de l'Église dans cette fête?*

R. C'est d'honorer les trois miracles de la manifestation du Sauveur : sa manifestation aux Mages qui sont venus l'adorer sur l'indication d'une étoile mystérieuse ; sa manifestation dans son baptême où une voix le proclama Fils de Dieu, et sa manifestation aux noces de Cana, où il fit son premier miracle. Selon l'esprit de l'Église, nous devons célébrer en ce jour notre vocation à la foi chrétienne dans la personne des Mages auxquels Jésus-Christ a révélé sa divinité, et le remercier d'une si grande grâce.

435. D. *L'Épiphanie a-t-elle une Vigile?*

R. Oui, parce que c'est une très grande fête.

436. D. *Que remarquez-vous de particulier ce jour-là ?*

R. A la messe solennelle, dans certaines églises, après l'Évangile, le diacre annonce les jours où doivent tomber dans l'année Pâques et les fêtes mobiles.

437. D. *Qu'y a-t-il de particulier à l'octave de l'Épiphanie ?*

R. C'est que cette octave est privilégiée (v. n° 377).

438. D. *Combien y a-t-il de dimanches après l'Épiphanie ?*

R. Il y en a de deux à six, selon l'époque de la fête de Pâques.

439. D. *Quelle est la solennité qui se trouve entre l'Épiphanie et le Carême ?*

R. C'est la Purification de la Sainte-Vierge.

440. D. *Qu'y a-t-il de particulier à cette fête ?*

R. C'est la bénédiction des cierges qui lui a fait donner le nom de CHANDELEUR.

441. D. *Pourquoi l'Église a-t-elle institué cette fête ?*

R. Pour nous rappeler que Jésus-Christ est la vraie lumière du monde et que nous devons le suivre avec joie, comme le saint vieillard

Siméon dont on chante les paroles pendant la distribution des cierges, paroles qui composent l'antienne LUMEN AD REVELATIONEM GENTIUM... que l'on reprend en cette circonstance après chaque verset du NUNC DIMITTIS.

442. D. *De quelle matière doivent être faits ces cierges ?*

R. De cire véritable.

443. D. *Peut-on s'en servir pour des usages profanes, par exemple, pour s'éclairer dans sa maison ?*

R. Non, ce serait montrer peu de respect pour des cierges bénits par les prières de l'Église.

444. D. *A quels usages peut-on employer les cierges ?*

R. On peut les allumer dans sa demeure pendant un orage, pendant sa prière, ou devant une image sainte, ou un autel, auprès du lit d'un mourant ou d'un défunt.

445. D. *Que fait-on des cierges pendant la messe de la Chandeleur ?*

R. On les porte allumés à la main pendant la procession, à l'Évangile, et depuis l'Élévation jusqu'après la Communion.

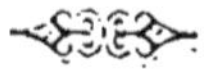

## § V

## De la Septuagésime jusqu'au Carême.

446. D. *Comment appelle-t-on les trois dimanches qui précèdent le Carême ?*

R. On les appelle les dimanches de la Septuagésime, de la Sexagésime et de la Quinquagésime.

447. D. *Que veulent dire ces mots ?*

R. Ils signifient qu'à partir de ces dimanches il y a soixante-dix, soixante et cinquante jours jusqu'à la grande fête de Pâques.

448. D. *Qu'y a-t-il de particulier dans l'office de ces dimanches ?*

R. C'est qu'à partir du premier d'entre eux, la Septuagésime, l'Église commence à nous inspirer l'esprit de pénitence.

449. D. *A quelles marques reconnaissez-vous cette intention de l'Église ?*

R. C'est qu'elle revêt ses ornements violets, cesse de chanter le GLORIA IN EXCELSIS, et surtout l'ALLELUIA que l'on chante deux fois après le BENEDICAMUS des vêpres du samedi avant la Septuagésime, et qu'on ne chante plus jusqu'au graduel de la messe du Samedi saint.

450. D. *Qu'y a-t-il de particulier au diman-che de la Quinquagésime et aux lundi et mardi qui le suivent ?*

R. Ce sont les prières des QUARANTE HEU-RES qui ne sont cependant pas un office général ou obligatoire.

451. D. *En quoi consistent ces prières ?*

R. Elles consistent à exposer pendant ces trois jours le Saint-Sacrement toute la journée ou au moins pendant les messes de la paroisse et le salut que l'on chante le soir de ces mêmes jours.

452. D. *Que chante-t-on à ces saluts ?*

R. On chante d'ordinaire, avec les prières ordinaires du salut du Saint-Sacrement, le psaume MISERERE ou le trait DOMINE NON SECUNDUM qui sont des chants de pénitence.

453. D. *Dans quel but a-t-on établi les priè-res des Quarante-heures ?*

R. Pour demander pardon à Dieu de toutes les coupables folies du carnaval, et de toutes les fautes graves que commettent tant de chré-tiens dans ces jours de joies mondaines.

454, D. *Comment doit se conduire un enfant chrétien pendant ces trois jours ?*

R. Il doit, avant tout, s'abstenir de se déguiser et même de se mêler aux troupes de masques; assister avec dévotion à l'exposition et à la bénédiction du Saint-Sacrement, et enfin bien prier Dieu et l'adorer de tout son cœur, pour réparer les outrages qu'on lui fait.

## § VI

### Du Mercredi des Cendres et du Carême jusqu'à la Semaine Sainte.

455. D. *Qu'est-ce que le Carême?*

R. Le Carême est un jeûne et un temps de pénitence de quarante jours, institué par l'Église pour préparer les fidèles à la fête de Pâques.

456. D. *Quand commence le Carême?*

R. Il commence le mercredi qui suit le dimanche de la Quinquagésime.

457. D. *Quel nom donne-t-on à ce premier jour du Carême?*

R. On l'appelle le MERCREDI DES CENDRES.

458. D. *Pourquoi l'appelle-t-on ainsi?*

R. Parce qu'en ce jour on bénit des cendres que l'on met en forme de croix sur la tête des fidèles.

459. D. *Pourriez-vous nous dire quelque chose de la manière dont on bénit les cendres ?*

R. On met dans un plateau, sur l'autel au coin de l'Épître, des cendres faites avec des rameaux bénits de l'année précédente ; le célébrant en chape violette, vient à l'autel où il récite sur ces cendres plusieurs oraisons qui expriment la pensée de l'Église, puis il les asperge d'eau bénite et les encense par trois fois.

460. D. *Comment le célébrant reçoit-il les cendres ?*

R. Le premier du chœur les donne au célébrant qui les reçoit debout, le visage tourné vers le peuple. Mais si le célébrant est le seul prêtre, il s'agenouille devant l'autel, y pose le plateau qui contient les cendres et se les impose lui-même sur la tonsure sans rien dire.

461. D. *Comment se fait ensuite l'imposition des cendres ?*

R. Le célébrant les donne en forme de croix aux ecclésiastiques sur la tonsure, aux autres ministres du chœur, et à tous les fidèles sur le front en disant en latin ces paroles : « Souviens-toi, « homme, que tu es poussière et que tu retour- « neras en poussière. »

462. D. *Quel est le but de l'Église dans cette cérémonie ?*

·R. C'est de nous rappeler la pensée de la mort, et la nécessité de faire pénitence.

463. D. *Comment les cendres nous rappellent-elles la pénitence ?*

R. Parce qu'autrefois lorsque l'Église avait soumis quelqu'un à la pénitence publique, l'évêque lui mettait de la cendre sur la tête, et lui interdisait l'entrée de l'église pour un temps plus ou moins long. Sans demeurer aussi sévère dans ses pénitences extérieures, l'Église a conservé le souvenir de cette pratique dans les cérémonies de ce jour.

464. D. *Avec quels sentiments devons-nous recevoir les cendres ?*

R. En pensant que nous devons mourir un jour et qu'il faut nous y préparer en pleurant nos péchés; nous devons aussi prendre la résolution de passer saintement le Carême.

465. D. *Comment se nomme le premier dimanche de Carême ?*

R. Il se nomme le dimanche de la Quadragésime, c'est-à-dire le quarantième jour avant Pâques.

466. D. *Comment se nomment les trois autres dimanches ?*

R. Ils se nomment REMINISCERE, OCULI, LÆTARE.

**467. D.** *Que signifient ces noms?*

R. Ce sont les mots qui commencent l'Introït de la messe de chacun de ces dimanches. Les fidèles d'autrefois ne désignaient pas autrement tous les dimanches de l'année.

**468. D.** *Qu'y a-t-il de particulier au dimanche de* LÆTARE?

R. En ce jour-là, l'Église nous invite à la joie par ses cérémonies extérieures, comme elle l'a déjà fait au troisième dimanche de l'Avent (v. n° 390).

**469. D.** *Pourquoi cette solennité inaccoutumée dans un temps de pénitence?*

R. La première raison de cette joie de l'Église, c'est qu'autrefois, ce jour-là, on faisait le scrutin des catéchumènes qui devaient recevoir le baptême le Samedi saint. L'Église veut aussi par là ranimer notre confiance au milieu de la pénitence du Carême; en nous montrant que déjà la sainte quarantaine s'avance et que Dieu va bientôt nous pardonner nos péchés. C'est ce qu'elle nous fait comprendre dans ces paroles de l'Introït : « Réjouissez-vous, vous tous qui avez été dans la tristesse. »

**470. D.** *Quel est le chant particulier du Carême dans la plupart de nos églises?*

R. C'est le chant de l'ATTENDE.

471. D. *Quels sentiments exprime ce chant ?*

R. Des sentiments de pénitence et de repentir.

472. D. *Citez-en un exemple ?*

R. On peut prendre par exemple les paroles que répète le chœur à la fin de chaque verset : ATTENDE, DOMINE ET MISERERE, QUIA PECCAVIMUS TIBI : Jetez les yeux sur votre peuple, Seigneur, et ayez pitié de nous, parce que nous avons péché contre vous.

473. D. *Pourquoi dans la semaine, pendant le Carême, chante-t-on les vêpres avant midi ?*

R. Parce qu'autrefois les fidèles ne mangeaient qu'une seule fois par jour en Carême, et après vêpres, c'est-à-dire vers cinq ou six heures du soir ; l'Église ayant permis d'avancer l'heure du repas, avança aussi l'heure des vêpres, et comme aujourd'hui l'heure du premier repas est tolérée vers midi, on chante pour cette raison les vêpres avant midi.

474. D. *N'y a-t-il rien autre chose de particulier en Carême ?*

R. Il y a encore la prière du soir qui se fait deux ou trois fois la semaine ou même tous les jours en beaucoup de paroisses.

475 D. *Comment se fait cet exercice ?*

R. On y fait ordinairement la prière du soir en langue vulgaire, on y chante des cantiques et il y a toujours une instruction, puis le chant du MISERERE ou quelque autre chant de pénitence, selon l'usage des paroisses, et enfin le plus souvent on termine l'exercice par la bénédiction du Saint-Sacrement et le chant du PARCE DOMINE.

476. D. *Pourquoi fait-on dans le Carême des instructions plus fréquentes ?*

R. C'est pour rappeler aux fidèles leurs obligations religieuses et les mieux disposer à remplir leur devoir pascal.

477. D. *Comment doit se conduire un enfant chrétien pendant le Carême ?*

R. Il doit redoubler de piété, d'assiduité au travail et d'obéissance, et se confesser dans le commencement du Carême pour se préparer à le faire encore dans la quinzaine de Pâques.

478. D. *Comment s'appelle le cinquième dimanche de Carême ?*

R. On l'appelle le dimanche de la Passion.

479. D. *Que se passe-t-il de remarquable ce jour-là dans les églises ?*

R. La veille, avant les premières vêpres du dimanche, on couvre d'un voile violet toutes les croix et toutes les images de Notre-Seigneur, de la Vierge et des Saints.

480. D. *Pourquoi cela ?*

R. C'est d'abord en signe de deuil et de pénitence, parce que le temps où l'Église va célébrer les souffrances de Notre-Seigneur approche de plus en plus, et aussi parce que dans ce même temps, le Sauveur cessa de se montrer au peuple, selon ces paroles de saint Jean qui terminent l'Évangile du dimanche de la Passion : « JÉSUS SE CACHA ET SORTIT DU TEMPLE. »

481. D. *Doit-on découvrir les croix et les images, s'il arrive une fête ?*

R. Non, quelque solennelle que soit cette fête.

482. D. *Dites-nous, avant de terminer la question du Carême, quels sont les autres jours de jeûne de l'année chrétienne ?*

R. Ce sont les Vigiles dont on a parlé plus haut, et le jeûne que l'Église prescrit à ses enfants aux quatre saisons de l'année (les Quatre Temps.)

483. D. *Quelle est l'époque de chacun de ces quatre jeûnes ?*

R. Ils ont lieu le mercredi, le vendredi et le samedi : 1º pour l'hiver, dans la semaine qui suit le troisième dimanche de l'Avent ; 2ᵘ pour le printemps, dans la semaine du premier dimanche de Carême ; 3º pour l'été, dans l'octave de la Pentecôte ; 4º pour l'automne, dans la semaine qui suit l'Exaltation de la Sainte-Croix (le 14 septembre).

484. D. *Que fait-on le samedi des Quatre-Temps ?*

R. On ordonne les prêtres et les autres ministres de l'Église. Les chrétiens doivent prier pour eux ces jours-là d'une manière toute particulière. — L'ordination peut encore avoir lieu la veille du dimanche de la Passion et le Samedi-Saint.

## § VII

### De la semaine sainte jusqu'à Pâques.

DE LA SEMAINE SAINTE EN GÉNÉRAL ET DU DIMANCHE DES RAMEAUX.

485. D. *Comment s'appelle la dernière semaine du Carême ?*

R. Elle s'appelle la Semaine Sainte, et en certains pays la Grande Semaine, ou comme disent les Anglais catholiques, la bonne Semaine.

486. D. *Pourquoi lui a-t-on donné ce nom ?*

R. Parce qu'en cette semaine l'Église célèbre les mystères de la Passion de Notre-Seigneur par des cérémonies imposantes, et d'une solennité inaccoutumée.

487. D. *Comment doit-on passer la semaine sainte ?*

R. Dans la piété, le recueillement et la pénitence.

488. D. *Quel est le premier jour de la semaine sainte ?*

R. C'est le dimanche des Rameaux ou des Palmes.

489. D. *Pourquoi l'appelle-t-on ainsi ?*

R. Parce que l'on porte à la procession qui se fait avant la messe, des palmes ou rameaux bénits.

490. D. *De quel arbre sont les rameaux que l'on porte à la procession ?*

R. Rien n'étant prescrit sous ce rapport, cela varie selon les usages des différents pays. A Rome le Saint-Père bénit de véritables palmes ; en France, on prend dans le midi des branches d'olivier, et dans le nord, des branches de buis.

491. D. *Pourquoi l'Église a-t-elle institué la procession des rameaux ?*

R. Pour célébrer l'entrée triomphante de Notre-Seigneur à Jérusalem, au milieu du peuple qui portait des branches de palmier et les jetait sur son passage.

492. D. *Que chante-t-on à cette procession ?*

R. On y chante des antiennes tirées de l'É-vangile, lesquelles rappellent les principaux traits de ce triomphe du Sauveur.

493. D. *Où se rend la procession ?*

R. A une église, à un calvaire, ou à la croix du cimetière, quelquefois même on ne fait que la procession sans station.

494. D. *Qu'arrive-t-il au retour de la pro-cession ?*

R. La porte de l'église est fermée.

495. D. *Que fait-on alors ?*

R. Le clergé et le peuple restent en-dehors, et les enfants de chœur chantent à l'intérieur de l'église l'hymne GLORIA LAUS que le clergé et les fidèles répètent au dehors.

496. D. *Pourquoi cette hymne est-elle ordi-nairement chantée à l'intérieur de l'église par des enfants ?*

R. C'est pour mieux représenter les enfants qui criaient dans le temple : « Hosanna au fils de David, » ce qui est rappelé dans cette hymne.

497. D. *A quel moment entre-t-on dans l'é-glise ?*

R. Lorsque l'hymne est finie, le sous-dia-cre, d'un coup du bâton de la croix, heurte la porte de l'église qui s'ouvre aussitôt, et la procession entre dans l'église en chantant le répons : INGREDIENTE DOMINO, etc. : Le Seigneur entrant dans la ville sainte, les enfants criaient Hosanna, etc.

498. D. *Quel est le but de cette cérémonie ?*

R. C'est de nous apprendre qu'avant la venue de Jésus-Christ, la porte du Ciel était fermée, et qu'elle n'a pu nous être ouverte que par les mérites de sa Passion et de sa croix.

499. D. *Dans quels sentiments doit-on s'entretenir pendant la solennité des Rameaux ?*

R. Il faut s'associer du fond du cœur au triomphe de Notre-Seigneur, et lui demander la grâce de ne point imiter les Juifs qui l'ont crucifié quelques jours après lui avoir fait tant d'honneurs et témoigné tant d'admiration.

500. D. *Qu'y a-t-il de particulier à l'épître de la messe du dimanche des Rameaux ?*

R. C'est que l'on fléchit le genou à ces paroles : IN NOMINE JESU OMNE GENU FLECTATUR CŒLESTIUM, TERRESTRIUM ET INFERNORUM.

501. D. *Pourquoi cela ?*

R. Parce qu'en cet endroit, l'apôtre saint Paul dit : Que tout genou fléchisse au nom de Jésus, dans le ciel, sur la terre et dans les enfers.

502. D. *Quel est l'Évangile que l'on chante à la messe le jour des Rameaux ?*

R. On y chante, pour évangile, l'histoire de la Passion de Notre-Seigneur, selon l'évangéliste saint Mathieu.

503. D. *Et dans le reste de la semaine ?*

R. Le mardi saint, on lit la Passion selon saint Marc ; le mercredi saint, la Passion selon saint Luc ; et le vendredi saint, la Passion selon saint Jean.

504. D. *Que trouvez-vous de particulier au chant de la Passion ?*

R. C'est qu'au lieu d'être chantée par un seul diacre, elle l'est par trois dont l'un fait la partie de l'évangéliste, le second chante toutes les paroles de Notre-Seigneur et le troisième fait ce qu'on appelle la partie de la synagogue, c'est-à-dire qu'il chante toutes les paroles des Juifs, de Pilate, etc.

505. D. *N'avez-vous remarqué rien autre chose pendant le chant de la Passion ?*

R. Si : lorsque le diacre a chanté l'endroit de l'Évangile où il est parlé du dernier soupir du Sauveur, tout le monde se prosterne jusqu'à terre, et prie à peu près l'espace d'un PATER.

506. D. *N'est-il pas d'usage de baiser la terre à ce moment ?*

R. Oui, dans beaucoup d'endroits, surtout en France, et c'est une coutume qu'on ne saurait trop louer, bien que la rubrique n'en parle pas, car on rapporte que cet usage vient de saint Louis qui le fit un jour, ce qu'imitèrent les grands de sa cour et bientôt tous ses sujets. On dit la même chose pour les paroles : ET INCARNATUS EST, du CREDO.

507. D. *Qu'y a-t-il encore de particulier au chant de la Passion, le jour des Rameaux ?*

R. C'est que tous ceux du chœur qui n'en sont pas empêchés par quelque fonction, et tous les fidèles doivent porter les rameaux à la main.

508. D. *Quelle hymne chante-t-on aux vêpres le dimanche des Rameaux ?*

R. Ce jour-là, aussi bien que le dimanche précédent, on chante l'hymne : VEXILLA REGIS qui est un chant de louange à la Croix.

509. D *Pourquoi, à la strophe :* O CRUX, AVE, *qui termine cette hymne, tout le monde se met-il à genoux ?*

R. Parce que ces paroles veulent dire : « Salut, ô croix, notre unique espérance » et que tout le reste de la strophe n'est plus seulement une louange, mais une prière à la Croix.

8

DES TÉNÈBRES ET DU JEUDI SAINT.

510. D. *Quel est le premier office des trois grands jours de la semaine sainte?*

R. C'est l'office des ténèbres qui se célèbre le mercredi soir, et qui a lieu aussi les deux jours suivants.

511. D. *Pourquoi ces Matines s'appellent-elles les Ténèbres?*

R. En souvenir de l'ancien temps où on les chantait la nuit.

512. D. *Quelle est la couleur employée pour cet office?*

R. C'est la couleur du temps de la Passion, le violet.

513. D. *Qu'y a-t-il de remarquable aux Ténèbres?*

R. C'est le chandelier triangulaire où brûlent quinze cierges de cire jaune que l'on éteint successivement après chaque psaume.

514. D. *D'où vient cette pratique?*

R. C'est un vestige de l'ancienne coutume. Comme l'office était fort long, on avait, au milieu du chœur, un chandelier bien garni et on éteignait les cierges à mesure que le jour venait.

515. D. *Pourquoi ces quinze cierges sont-ils de cire jaune et commune ?*

R. C'est en signe de tristesse et de deuil.

516. D. *Où se place le chandelier triangulaire ?*

R. Du côté de l'Épître.

517. D. *Quelle signification peut-on donner à la cérémonie de l'extinction des cierges ?*

R. On a dit que les cierges ainsi éteints successivement, représentaient les apôtres abandonnant l'un après l'autre Notre-Seigneur, et que le dernier qui reste seul et que l'on cache derrière l'autel, pour l'en rapporter après la fin de l'office, représentait Notre-Seigneur disparaissant bientôt du milieu des hommes, et reparaissant plein de gloire et de lumière dans sa résurrection.

518. D. *Qu'y a-t-il encore de remarquable dans les Ténèbres ?*

R. Ce sont les lamentations de Jérémie.

519. D. *Qu'appelez-vous ainsi ?*

R. Ce sont les trois premières leçons de l'office des Ténèbres. Elles se chantent sur un ton lugubre pour représenter la tristesse de l'Église pendant les jours de la mort du Sauveur.

520. D. *Pourquoi, à la fin des Ténèbres, l'officiant fait-il un léger bruit ?*

R. Ce n'est pas seulement pour avertir que l'office est terminé, mais aussi pour rappeler le désordre de la nature, ce qui est encore mieux représenté par l'usage de certains lieux où chacun répète ce bruit avec son livre ou sur les stalles.

521. D. *Quel est le caractère des offices de ces derniers jours?*

R. C'est une tristesse profonde, et la pensée de la pénitence y est incessamment mêlée à celle de la Passion de Jésus-Christ.

522. D. *Quelle est la prière par laquelle se terminent toutes les heures de l'office dans ces trois jours?*

R. C'est le psaume : MISERERE, parce que dans ces saints jours, nous ne saurions trop demander à Dieu pardon de nos péchés.

523. D. *Quel mystère l'Église célèbre-t-elle le Jeudi Saint?*

R. C'est l'institution du sacrement de l'Eucharistie.

524. D. *Quelle est la cérémonie qui rappelle ce grand mystère?*

R. C'est la messe solennelle, l'unique messe de ce jour. Elle a cela de particulier que tous les prêtres, autres que le célébrant, ne pouvant dire de messe, y assistent en étole ou même en chasuble, et y communient de la main du célébrant, qui régulièrement doit être le Supérieur du lieu.

525 D. *Qu'est-ce que cela représente ?*

R. Cette cérémonie représente Notre-Seigneur Jésus-Christ entouré de ses apôtres qu'il communia de sa propre main à la Cène, qui fut la première de toutes les messes.

526. D. *Quelle est la cérémonie qui représente mieux encore la dernière cène de Jésus-Christ avec ses apotres ?*

R. Pour voir cette cérémonie, il faut aller dans les cathédrales. C'est la bénédiction des saintes huiles où l'évêque est assis à une table au milieu du chœur, et entouré de douze prêtres, tous en chasuble blanche, de sept diacres et de sept sous-diacres vêtus de leurs ornements de même couleur.

527. D. *Quelles sont donc ces huiles consacrées par l'évêque le Jeudi saint ?*

R. Il y en a de trois sortes : 1º l'HUILE DES CATÉCHUMÈNES qui sert au baptême, à la consécration des prêtres et des évêques, à la bénédiction des cloches ; 2º le SAINT CHRÊME qui sert pour le baptême, la confirmation, le sacre des rois, la consécration des églises, des calices, des patènes, etc. ; 3º l'HUILE DES INFIRMES

8.

qui sert, comme son nom l'indique, pour administrer l'extrême-onction.

528. D. *Qu'y a-t-il encore de remarquable à la messe du jeudi saint?*

R. C'est la communion pascale que les bons fidèles font de préférence ce jour-là, lorsqu'ils le peuvent.

529. D. *Dans quels sentiments un enfant chrétien doit-il contempler cette auguste cérémonie?*

R. En excitant en lui-même le désir d'arriver à ce bonheur, et en demandant à Dieu la grâce de demeurer toute sa vie fidèle à son devoir pascal. S'il a fait sa première communion, il doit se préparer à s'agenouiller ce jour-là même à la table sainte.

530. D. *Comment se chante la messe?*

R. Avec grande solennité, et avec les marques ordinaires de joie, mais avec quelques différences qui marquent encore la tristesse.

531. D. *Citez-en quelques exemples?*

R. On ne chante pas l'ALLELUIA, et les croix et les images restent voilées ; la croix du maître-autel seule est couverte pendant la messe d'un voile blanc par-dessus le voile violet ordinaire ; les orgues ne jouent plus après le GLORIA IN EXCELSIS, et enfin on ne donne pas le baiser

de paix, à cause de l'horreur qu'inspire à l'É-
glise le baiser du traître Judas.

532. D. *Qu'y a-t-il de particulier au* GLORIA
IN EXCELSIS?

R. On sonne à grande volée toutes les cloches
de l'église, et elles se taisent ensuite en signe de
tristesse jusqu'à la messe du samedi saint.

533. D. *Que fait-on après la communion ?*

R. On porte en grande solennité au reposoir
une hostie consacrée qui doit y demeurer jusqu'à la messe du vendredi saint.

534. D. *A quel moment porte-t-on le saint
ciboire au reposoir ?*

R. Pendant les vêpres.

535 D. *Comment se disent les vêpres?*

R. Avec des lumières, mais sans chanter.

536. D. *Que fait-on après les vêpres?*

R. On éteint les cierges, puis le célébrant ac-
compagné du diacre, du sous-diacre et des acolytes, dépouille les autels pendant que le
chœur psalmodie le psaume 21e : DEUS, DEUS
MEUS RESPICE IN ME ; Mon Dieu, mon Dieu,
etc... où David prophétise les circonstances
de la mort de Notre-Seigneur, et ses plaintes
à son Père sur la croix.

537. D. *Que représente cette cérémonie?*

R. Elle rappelle le moment où les ennemis de

Notre-Seigneur, l'ayant dépouillé de ses vêtements, les partagèrent entre eux et jetèrent sa
robe au sort, c'est ce que veut dire l'antienne
du psaume dont on vient de parler : DIVISE-
RUNT SIBI VESTIMENTA MEA, etc.

538. D. *Quelle est enfin la dernière cérémonie
du jeudi saint?*

R. C'est le LAVEMENT DES PIEDS.

539. D. *En quoi consiste cette cérémonie ?*

R. Elle consiste à laver les pieds à douze pauvres, en souvenir de ce que fit Jésus-Christ, la
veille de sa mort, où il lava les pieds à ses douze
apôtres.

540. D *Qui est-ce qui lave les pieds aux pauvres ?*

R. Dans chaque église, c'est le supérieur du
lieu ; à Rome, c'est le pape ; dans l'église cathédrale, c'est l'évêque ; et dans la paroisse, le curé.

541. D. *Pourquoi est-ce toujours le supérieur
qui lave les pieds aux pauvres ?*

R. Parce que Jésus-Christ qui était Dieu, et
par conséquent supérieur à toute créature, n'a
pas craint de donner cet exemple d'humilité.

542. D. *Pourriez-vous nous dire comment se
fait le lavement des pieds?*

R. Le célébrant, à l'exemple de Notre-Seigneur, se ceint d'un linge, et après le chant de

l'Évangile, où l'on rapporte cette dernière action du Sauveur, il lave les pieds à douze enfants ou vieillards, les essuie et les baise, et souvent même remet une aumône à chacun d'eux, quand ce sont des pauvres.

543. D. *Qu'y a-t-il le soir des Jeudi et Vendredi saints?*

R. Les ténèbres, comme le mercredi, et sur le soir, dans bien des lieux, un sermon et le chant du STABAT MATER au reposoir.

544. D. *Quel est le but du chant du STABAT?*

R. C'est d'honorer les douleurs de la Sainte-Vierge au pied de la croix, et de pleurer avec elle sur la mort de son divin fils, notre Sauveur.

545. D. *Quelles pratiques de piété doivent affectionner les bons chrétiens en ces deux jours?*

R. Ils doivent, s'ils le peuvent, assister aux offices du matin, visiter le reposoir dans la journée et faire le chemin de la croix.

546. D. *Qu'est-ce que le chemin de la Croix?*

R. C'est une dévotion qui consiste à faire, à genoux, quelques réflexions sur la passion du Sauveur, à quatorze stations indiquées ordinairement dans les églises par des tableaux ou des petites croix. La manière de le faire est expliquée dans de petits livres faits tout exprès, et même dans les paroissiens.

## DU VENDREDI SAINT.

547. D. *Quel est le jour de l'année où les cérémonies de l'Église sont le plus imposantes et le plus tristes?*

R. C'est le Vendredi saint.

548. D. *Qu'est-ce qui frappe d'abord dans l'intérieur des églises en ce jour ?*

R. C'est que l'autel est complètement dépouillé de ses ornements accoutumés, les lampes et les cierges éteints, le tabernacle ouvert, et qu'on ne sonne pas les cloches.

549 D. *Par quelle imposante cérémonie commence l'office du Vendredi saint?*

R. Le célébrant et les ministres de l'autel se prosternent la face contre terre dans le sanctuaire, sur les marches de l'autel, et prient à voix basse l'espace d'un MISERERE, tandis que le reste du chœur agenouillé prie aussi la tête profondément inclinée.

550. D. *Que nous rappelle cette prière et cette posture si humiliée?*

R. C'est que nous ne saurions mieux commencer l'office de ce jour si tristement solennel qu'en nous confondant à la vue de nos péchés et en demandant humblement pardon à Dieu.

551. D. *Après cette prostration, comment se poursuit l'office?*

R. On commence par des leçons, des oraisons où l'on fléchit les genoux, des traits ; puis vient bientôt après le chant de la Passion, selon saint Jean (on n'y porte ni chandeliers, ni encens), et enfin les oraisons que l'on appelle MONITIONS.

552. D. *Pourquoi leur donnez-vous ce nom?*

R. Parce que chacune de ces oraisons est précédée d'un AVERTISSEMENT dans lequel le prêtre expose le but de l'oraison que l'on va chanter.

553. D. *Que fait-on après les* MONITIONS?

R. Le prêtre chante OREMUS, prions. Le diacre chante aussitôt après : FLECTAMUS GENUA, Fléchissons les genoux. Alors tout le monde fléchit le genoux et on se relève quand le sous-diacre chante LEVATE, Levez-vous.

554. D. *Que remarquez-vous dans ces oraisons?*

R. C'est que l'on y prie pour toute l'Église et même pour les hérétiques, les infidèles et les Juifs, ce que l'Église ne fait publiquement que le Vendredi saint, pour montrer que Jésus-Christ est mort pour tous les hommes.

555. D. *N'y a-t-il rien de remarquable à l'oraison pour les Juifs?*

Oui, c'est qu'aussitôt après la monition, le prêtre chante l'oraison sans dire OREMUS, et que l'on ne fléchit pas le genou.

556. D. *Pourquoi cela?*

R. C'est sans doute parce que l'Église a voulu témoigner par là l'horreur que lui inspire l'affreuse dérision des Juifs qui, après avoir mis sur la tête du Sauveur une couronne d'épines, fléchissaient le genou devant lui en disant : AVE, REX JUDÆORUM, Je te salue, Roi des Juifs.

557. D. *Quelle est la cérémonie qui suit les prières dont nous venons de parler?*

R. C'est l'adoration de la croix, la plus imposante cérémonie de l'office du jour.

558. D. *Comment se fait l'adoration de la croix?*

R. Le célébrant découvre la croix non pas de suite, mais en trois fois ; d'abord le haut, puis le bras droit et la tête du crucifix, et enfin toute la croix.

559. D. *Que fait-il en même temps?*

R. A chaque fois, il élève davantage la croix, et s'avance en trois stations jusqu'au milieu de l'autel ; puis il chante en même temps l'antienne ECCE LIGNUM CRUCIS : Voici le bois de la croix, élevant toujours la voix de plus en plus.

560. D. *Que fait alors le chœur?*

R. Le chœur qui est debout pendant l'antienne ECCE LIGNUM, répond lorsque le prêtre a fini cette antienne : VENITE, ADOREMUS, sur le même ton que le célébrant ; en même temps tous, excepté ce dernier, fléchissent les deux genoux vers la croix, puis se relèvent, excepté à la dernière fois où l'on reste à genoux.

561. D. *Que fait-on ensuite ?*

R. Lorsque le chœur a chanté pour la troisième fois : VENITE, ADOREMUS, le célébrant dépose la croix sur un coussin violet placé sur le marchepied de l'autel, au côté de l'Évangile ; puis ayant quitté ses souliers ainsi que le diacre et le sous-diacre, après trois génuflexions qu'ils font de distance en distance, ils viennent adorer la croix en baisant les pieds du crucifix : ce que font de même, après eux, le chœur et tous les fidèles.

562. D. *Que chante-t-on pendant l'adoration de la croix ?*

R. On chante les antiennes appelées IMPROPÈRES.

563. D. *Qu'entendez-vous par ce mot impropères ?*

R. C'est un mot qui vient du latin et qui signifie REPROCHES, parce que ces antiennes sont composées des reproches que Dieu, par ses prophètes, adressait au peuple juif sur son ingratitude.

564. D. *Dans quels sentiments doit-on se présenter à l'adoration de la croix?*

R. Dans des sentiments de respect et d'amour pour ce bois sacré où Notre-Seigneur a bien voulu être attaché pour nos crimes, et dans les sentiments d'un sincère repentir, en pensant que ce sont nos péchés qui ont été la seule cause de ses souffrances.

565. D. *Dans quelle posture les fidèles doivent-ils se présenter à l'adoration de la croix?*

R. Les bras croisés sur la poitrine et avec un extérieur très recueilli.

566. D. *Quelle est la cérémonie qui suit l'adoration de la croix?*

R. C'est la procession au reposoir où l'on va prendre l'hostie consacrée la veille.

567. D. *Pourquoi chante-t-on en apportant la sainte hostie le* VEXILLA REGIS *et non le* PANGE LINGUA, *comme la veille?*

R. C'est sans doute parce que l'Église honore particulièrement en ce jour la croix à laquelle a été attaché le Sauveur, et que dans sa profonde tristesse, elle n'ose entonner une hymne joyeuse et triomphante comme est le PANGE LINGUA.

568. D. *Comment appelle-t-on la messe du Vendredi saint?*

R. On l'appelle la messe des Présanctifiés, c'est-à-dire des dons consacrés d'avance.

569. D. *Le prêtre ne consacre donc pas le corps de Notre-Seigneur à cette messe?*

R. Non, il communie seulement, et sous une seule espèce, avec une hostie consacrée le Jeudi Saint.

570. D. *Pourquoi cela?*

R. Parce que l'Église a jugé que la mémoire du grand sacrifice, accompli en ce jour-là, suffisait à exciter la piété des fidèles, sans qu'il fût besoin d'offrir le sacrifice de l'autel qui en est la figure et la continuation.

571. D. *Peut-on communier le Vendredi Saint?*

R. Non, le clergé et les fidèles ne communient pas en ce jour, à l'exception des malades en danger de mort.

572. D. *Comment se disent les vêpres du Vendredi Saint?*

R. On les récite sans chant ni lumière pour nous apprendre sans doute que la lumière du monde (Jésus-Christ) vient de s'éteindre sur la croix, ne nous laissant que trop sujet de verser des larmes sur nos fautes.

573. D. *N'y a-t-il pas aussi un sermon le Vendredi Saint ?*

R. Oui, on peut dire que dans toutes les églises, ce jour-là, on prêche la Passion de Notre-Seigneur.

574. D. *Quelle est enfin l'heure de la journée du Vendredi Saint pour laquelle on doit témoigner le plus de respect ?*

R. C'est trois heures de l'après-midi parce que, selon le récit des évangélistes, c'est l'heure à laquelle Notre-Seigneur mourut sur la croix.

575. D. *Que peut-on faire pour la sanctifier?*

R. On peut, entre autres dévotions, aller à l'Église pour prier devant le Saint-Sacrement, ou faire le chemin de la croix.

DU SAMEDI SAINT.

576. D. *Par quelle cérémonie commence l'office du Samedi Saint ?*

R. Par la bénédiction du feu nouveau.

577. D. *Pourquoi n'y a-t-il plus de feu dans l'église, et pourquoi toutes les lampes sont-elles éteintes ?*

R. C'est pour nous représenter que la lumière du monde, Jésus-Christ, caché dans le tombeau, ne doit luire aux yeux des hommes que dans sa résurrection dont on commence à célébrer la Vigile.

578. D. *Où bénit-on le feu nouveau ?*

R. A la porte de l'Église, et l'on en met de suite dans un encensoir.

579. D. *Que fait-on ensuite ?*

R. On allume par trois fois, en fléchissant le genou, le cierge à trois branches placé au bout d'un roseau, tandis que le diacre qui le porte, chante à chaque fois qu'on allume un des trois cierges, et en élevant toujours la voix : LUMEN CHRISTI : Voilà la lumière de Jésus-Christ. A ces paroles, le chœur répond trois fois aussi sur le même ton que le diacre : DEO GRATIAS.

580. D. *Que fait-on lorsqu'on est arrivé au sanctuaire ?*

R. Le diacre bénit le cierge pascal, en chantant le beau cantique, appelé l'EXULTET, parce qu'il commence par ce mot.

581. D. *Qu'est-ce donc que le Cierge pascal ?*

R. C'est un grand et beau cierge de cire blanche que l'on bénit chaque année le samedi saint, pour l'allumer pendant tous les offices du temps pascal.

582. D. *Que représente le Cierge pascal ?*

R. Il représente Jésus-Christ déjà brillant de gloire sur la terre après sa résurrection ; l'Église, dans l'EXULTET, l'a comparé à la colonne lumineuse qui conduisait pendant la nuit, les Hébreux dans le désert et qui les fit échapper à la servitude de l'Égypte.

583. D. *Que représentent les cinq grains d'encens que l'on attache en forme de croix au Cierge pascal?*

R. Ils réprésentent les cinq plaies du Sauveur et aussi les parfums avec lesquels on l'embauma.

584. D. *Que fait-on après* l'EXULTET?

R. Des lecteurs chantent douze grandes leçons appelées les PROPHÉTIES, leçons où sont retracés les malheurs de l'homme après sa chute et où est annoncée sa délivrance par la vertu de Jésus-Christ.

585. D. *Quelle est la cérémonie qui suit ces prophéties?*

R. C'est la bénédiction de l'eau des fonts pour le baptême.

586. D. *Pourquoi bénit-on cette eau le Samedi Saint?*

R. On la bénit le samedi saint, et le samedi veille de la Pentecôte, parce qu'autrefois c'était seulement dans ces deux jours que l'on donnait le baptême solennellement. C'est pour rappeler l'ancien usage.

587. D. *N'y a-t-il pas au sujet de cette céré-*

*monie une coutume très répandue dans les paroisses ?*

R. Oui, c'est la pieuse coutume de recevoir l'aspersion de l'eau des fonts avant que le prêtre n'y ait mêlé l'huile sainte et le saint chrême, ce qui rappelle le baptême solennel que l'évêque conférait autrefois en ce saint jour, à un grand nombre de catéchumènes.

588. D. *Comment doit-on assister à la bénédiction des fonts ?*

R. En se rappelant les promesses de son baptême et en les renouvelant du fond du cœur.

589. D. *Ne doit-on pas avoir une dévotion particulière pour cette eau bénite du Samedi Saint ?*

R. C'est une chose très louable, et les bons chrétiens tiennent à en avoir dans leurs demeures, voilà pourquoi, dans toutes les paroisses on en bénit une grande quantité.

590. D. *Que fait-on lorsque la bénédiction est terminée ?*

R. On retourne au chœur en chantant une litanie, et lorsqu'on y est arrivé, tout le monde se met à genoux. Après quoi on commence la messe par le chant du KYRIE.

591. D. *Pourquoi la messe du Samedi Saint n'a-t-elle pas d'Introït ?*

R. Parce que l'Introït est l'entrée du prêtre à l'autel et qu'il est inutile puisque le célébrant est arrivé depuis longtemps pour toutes les cérémonies qui précédent. La dernière litanie qu'on chante en rentrant au chœur en tient lieu.

592. D. *Quelle est la seconde particularité de la messe du Samedi Saint?*

R. C'est que, pendant le GLORIA IN EXCELSIS, on sonne toutes les cloches pour exprimer la grande joie à laquelle l'Église se prépare déjà par les offices de la veille de la Résurrection, et pour appeler les fidèles au premier chant de l'ALLELUIA que le prêtre va bientôt entonner. C'est aussi au GLORIA IN EXCELSIS qu'à Rome on découvre les statues et les images des saints.

593. D. *Quelle est la troisième particularité de cette messe?*

R. C'est le chant de l'ALLELUIA au graduel. Le célébrant l'entonne une première fois, et le chœur le répète sur le même ton. Le célébrant le chante une seconde fois plus haut, puis une troisième fois plus haut encore, ce que fait également le chœur.

594. D. *Comment se chantent les premières vêpres de la fête de Pâques?*

R. Elles se chantent après la communion de la messe du samedi saint. Elles sont très courtes, ne se composant que du petit psaume LAUDATE DOMINUM OMNES GENTES, et du MAGNI-

FICAT avec leurs antiennes que l'on double. On encense l'autel pendant le MAGNIFICAT.

Les vêpres se terminent par la Post-Communion de la messe, et le chant de l'ITE MISSA EST, auquel le diacre ajoute deux ALLELUIA. Le chœur répond à son tour DEO GRATIAS, ALLELUIA, ALLELUIA, ce qui se pratique jusqu'au samedi suivant inclusivement, en signe de la grande joie de l'Église.

595. D. *Qu'y a-t-il sur le soir dans un grand nombre d'églises ?*

R. On y chante les Complies et les Matines de Pâques.

## § VIII

### Du Dimanche de la Résurrection

(SAINT JOUR DE PAQUES)

### et du Temps Pascal.

596. D. *Qu'est-ce que le jour de Pâques ?*

R. C'est le dimanche de la Résurrection de Notre-Seigneur Jésus-Christ.

597. D. *Dans quels sentiments doit-on assister aux offices de ce grand jour ?*

R. Dans les sentiments d'une vraie reconnaissance envers notre divin Rédempteur et d'une joie toute sainte, puisque la Résurrection du Sauveur est le gage de notre propre résurrection.

598. D. *Que remarquez-vous dans l'ensemble des offices du jour de Pâques?*

R. C'est la joie qui éclate partout, dans les paroles comme dans les chants de la sainte Église : elle y répète presque à chaque instant son cri d'allégresse : ALLELUIA.

599. D. *Que représente la procession que l'on fait dans beaucoup d'églises le jour de Pâques ?*

R. Elle représente le voyage des saintes femmes au sépulcre, au lever du soleil.

600. D. *Qu'est-ce que l'*O FILII?

R. L'O FILII, qui est propre à la semaine de Pâques, aussi bien que la prose VICTIMÆ PASCHALI LAUDES, sont deux chants simples, touchants et joyeux, sur la Résurrection de Notre-Seigneur.

601. D. *Qu'y a-t-il de particulier au temps pascal?*

R. C'est qu'à l'antienne REGINA CŒLI, l'on est toujours debout en souvenir de la résurrection du Sauveur ; qu'on ne jeûne pas à cause de l'allégresse du temps ; et qu'à toutes les principales parties de l'office comme les antiennes, répons, versets, on ajoute un ou plusieurs ALLELUIA.— Dans la semaine de Pâques, seulement, on en ajoute deux au BENEDICAMUS des Laudes et des Vêpres, mais non aux petites heures.

602. D. *Quand se termine le temps pascal ?*

R. Le temps pascal se termine aux premières vêpres de la Trinité, c'est-à-dire avec la semaine de la Pentecôte.

603. D. *Combien y a-t-il de dimanches après Pâques ?*

R. Il y en a cinq pendant lesquels l'Église nous fait lire, à l'Évangile de la messe, des passages tirés pour la plupart du sermon de Notre-Seigneur après la Cène.

## § IX

### Des Rogations et de l'Ascension.

604. D. *Ne fait-on pas des processions entre Pâques et l'Ascension ?*

R. Oui, les processions de saint Marc et des trois jours des Rogations.

605. D. *Que chante-t-on à ces processions ?*

R. On y chante les litanies des Saints.

606. D. *Que veut dire ce mot* ROGATIONS ?

R. C'est comme si l'on disait prières.

607. D. *Quel est le but de ces processions ?*

R. C'est d'attirer les bénédictions de Dieu sur les biens de la terre, et de lui demander de nous préserver des fléaux tels que les maladies contagieuses, la foudre ou la guerre.

608. D. *Que nous rappellent encore ces processions ?*

R. Que nous sommes voyageurs sur la terre.

609. D. *Ne fait-on pas abstinence en ces quatre jours ?*

R. Oui, à moins d'une dispense que l'évêque accorde quelquefois par l'autorité du Saint-Père.

610. D. *Qu'est-ce que l'Ascension ?*

R. C'est la première grande fête qui se présente après Pâques, et dans laquelle on célèbre la mémoire du jour où Notre-Seigneur monta glorieux dans le ciel, quarante jours après sa résurrection.

611. D. *Qu'y a-t-il de particulier ce jour-là ?*

R. C'est qu'à l'évangile, à ces paroles : ASSUMPTUS EST IN CŒLUM : Il s'éleva dans le ciel, on éteint le cierge pascal.

612. D. *Pourquoi cela ?*

R. C'est que le cierge pascal étant la figure de Jésus-Christ, cette cérémonie rappelle aux fidèles que ce divin Sauveur, après avoir passé

quarante jours avec ses apôtres après sa résurrection, disparut à leurs yeux et retourna vers
son père.

## § X

### De la Pentecôte jusqu'à l'Avent.

613. D. *Quelle est la grande fête qui arrive
après l'Ascension ?*

R. C'est la Pentecôte où l'Église célèbre la
descente du Saint-Esprit sur les Apôtres. —
C'est, après Pâques, la plus grande fête de
l'année chrétienne.

614. D. *Qu'avez-vous à nous dire de la Vigile
de cette solennité ?*

R. C'est qu'on fait, en ce jour, la bénédiction des fonts, comme le Samedi-Saint.

615. D. *Que signifie le mot Pentecôte ?*

R. Il signifie cinquantième jour, parce que
cette fête se célèbre cinquante jours après
Pâques.

616. D. *Quelle est la cérémonie particulière
de ce jour ?*

R. La rubrique romaine n'en prescrit aucune ; mais on doit avoir une dévotion particulière pour assister en ce jour à l'heure de

Tierce, dans les églises où on la chante, par exemple, dans les cathédrales.

617. D. *Pourquoi cela ?*

R. Parce que, selon le récit de la Sainte-Écriture, c'est à l'heure de Tierce que le Saint-Esprit descendit sur les Apôtres.

618. D. *Quelle hymne chante-t-on à Tierce, le jour de la Pentecôte ?*

R. On y chante le Veni Creator, comme aussi aux vêpres et de même pendant toute l'Octave, pour demander au Saint-Esprit de descendre dans nos âmes. La première strophe se chante à genoux.

619. D. *Que savez-vous sur l'Octave de la Pentecôte ?*

R. C'est qu'elle est privilégiée, et se termine, comme l'Octave de Pâques, après None du samedi.

620. D. *Quelle est la fête qui suit cette Octave ?*

R. C'est la fête de la sainte Trinité, dont la solennité n'offre rien de particulier.

621. D. *Combien y a-t-il de dimanches après la Pentecôte ?*

R. Il y en a de vingt-trois à vingt-huit, suivant que Pâques est arrivé plus tôt ou plus tard. Lorsqu'il y en a plus de vingt-quatre, on reprend les dimanches dont on n'a pu faire l'office après l'Épiphanie.

622. D. *Quelle est la fête qui suit l'Octave de la Pentecôte ?*

R. C'est la fête du Très-Saint-Sacrement, appelée communément FÊTE-DIEU. Elle se célèbre le jeudi qui suit le dimanche de la Trinité ; mais en France, la solennité extérieure en est remise au dimanche suivant. — Dans quelques églises, on choisit de préférence le jeudi de la fête du Saint-Sacrement, pour faire la première communion, et c'est une sainte et belle pensée.

623. D. *Qu'y a-t-il de remarquable à cette fête ?*

R. C'est la procession solennelle du Saint-Sacrement.

624. D. *Comment se fait cette procession ?*

R. Elle se fait avec beaucoup de solennité. Le célébrant en chape blanche porte sous un dais la sainte Eucharistie. On escorte le Saint-Sacrement avec des flambeaux et des encensoirs fumants. — Souvent de petits enfants de chœur, tenant des corbeilles de fleurs, en jettent sur le passage de Notre-Seigneur. Sur le parcours de la procession, les maisons sont ornées de draperies, et les chemins semés de fleurs et de feuillages. Un ou deux reposoirs sont préparés dans le trajet, et c'est à ces reposoirs, après le chant du TANTUM ERGO et les encensements accoutumés, que le prêtre donne aux fidèles la bénédiction du Saint-Sacrement.

625. D. *Quelle a été l'intention de l'Église dans cette fête?*

R. C'est d'honorer particulièrement Notre-Seigneur dans le sacrement de son amour, et de réparer les outrages qu'il reçoit dans la sainte Eucharistie.

626. D. *Que doit-on faire pour entrer dans l'intention de l'Église?*

R. Il faut contribuer de tout son pouvoir à l'ornement des rues et des reposoirs, et suivre la procession avec un profond respect et une grande dévotion.

627. D. *Quelles sont les particularités de l'Octave du Saint-Sacrement?*

R. Du jeudi de la Fête-Dieu au jeudi de l'Octave, dans plusieurs églises, le Saint-Sacrement reste exposé depuis la première messe jusqu'au salut qui a lieu à la chute du jour. Dans les grandes églises on chante la messe et les vépres devant le Saint-Sacrement exposé. Dans les petites églises et les paroisses où le Saint-Sacrement n'aurait pas d'adorateurs, on l'expose seulement pendant la messe, et l'on chante le salut.

628. D. *Quelle est la dernière fête du Propre du Temps jusqu'à l'Avent?*

R. C'est l'anniversaire de la consécration de toutes les églises ou la Dédicace.

629. D. *Quelle bonne pensée devons-nous retirer de cette fête?*

R. Nous devons penser que comme les églises de pierre, nos corps ont été consacrés pour être les temples du Saint-Esprit, et renouveler les promesses que nous avons faites au jour de notre baptème, d'être pour toujours à Dieu.

# CHAPITRE III

## Commun et Propre des Saints

630. D. *Comment divisez-vous le Propre des Saints ?*

R. On peut le diviser en trois classes de fêtes : 1º les fêtes de la sainte Vierge ; 2º les fêtes des Anges ; 3º les fêtes des Saints.

631. D. *Quel est le but général que se propose l'Église dans l'institution de ces fêtes ?*

R. Son intention est de nous faire admirer, célébrer et imiter les vertus de la sainte Vierge et des saints, toutes choses qui tournent à la gloire de Dieu et au salut de nos âmes.

632. D. *Que remarquez-vous d'abord au sujet de la sainte Vierge ?*

R. C'est que, tandis que les plus grands saints n'ont qu'une fête ou deux, l'Église en célèbre un très grand nombre, chaque année, en l'honneur de la sainte Vierge.

633. D. *Pourriez-vous donner une raison de cette conduite de l'Église ?*

R. C'est son admiration pour les vertus de la

sainte Vierge et sa tendre affection pour cette bonne mère, qui excite le zèle de l'Église à célébrer par autant de fêtes les vertus et les privilèges de la Mère de Dieu.

634. D. *Quelles sont les principales fêtes de la sainte Vierge telles que les comprend le calendrier romain ?*

R. Ce sont, en commençant à l'Avent : l'Immaculée Conception de la Sainte Vierge (8 décembre) ; la Purification (2 février) ; l'Annonciation (25 mars) ; la Visitation (2 juillet) ; l'Assomption (15 août) ; la Nativité de la Sainte Vierge (8 septembre) ; et la Présentation au Temple (21 novembre).

635. D. *Qu'est-ce que la fête de l'Immaculée Conception ?*

R. C'est une fête où l'Église honore le glorieux privilège qu'a eu la sainte Vierge d'être exempte, dès le premier instant de son existence, de la tache originelle dont nous naissons tous souillés en qualité d'enfants d'Adam.

636. D. *Cette fête est-elle bien ancienne ?*

R. La fête de la Conception est fort ancienne, mais la fête de l'Immaculée Conception n'est célébrée dans toute l'Église que depuis le 8 décembre 1854, époque où notre Saint-Père le Pape Pie IX, proclama de son autorité apostolique, MARIE, IMMACULÉE DANS SA CONCEP-

TION, et fit de cette sainte croyance un dogme de foi pour tout chrétien.

637. D. *Qu'est-ce que la Purification ?*

R. C'est une fête où l'Église célèbre l'obéissance et l'humilité de la sainte Vierge qui se présente au temple selon la loi, comme les autres femmes d'Israël, quarante jours après la naissance de Notre-Seigneur.

638. D. *Qu'est-ce que la fête de l'Annonciation ?*

R. L'Église rappelle en cette fête le jour où l'archange Gabriel vint annoncer à la sainte Vierge qu'elle deviendrait mère du Fils de Dieu, Sauveur des hommes.

639. D. *Que rappelle la fête de la Visitation ?*

R. Elle nous rappelle la visite pleine de charité que la sainte Vierge alla faire à sainte Élisabeth, mère de saint Jean-Baptiste.

640. D. *Qu'est-ce que l'Assomption ?*

R. L'Assomption est la principale fête de la sainte Vierge. L'Église célèbre en ce jour le triomphe de cette bonne Mère de Dieu qui fut enlevée dans le ciel par les anges à la droite de son divin Fils.

641. D. *La France n'a-t-elle pas une solennité particulière ce jour-là ?*

R. Oui, c'est la procession du vœu de Louis XIII qui consacra à la sainte Vierge sa personne, sa famille et son royaume. En conséquence de ce vœu, on fait dans toute la France, après les vêpres, une procession dans laquelle on chante les litanies de la sainte Vierge.

642. D. *Qu'est-ce que la Nativité?*

R. C'est la fête du jour anniversaire de la naissance de la très sainte Vierge.

643. D. *Qu'est-ce que la Présentation de la sainte Vierge?*

R. C'est une fête où l'Église célèbre la consécration que la sainte Vierge fit d'elle-même au Seigneur dans le temple de Jérusalem, à l'âge de trois ans, promettant de demeurer toujours vierge.

644. D. *Quelles sont les autres fêtes de la sainte Vierge?*

R. Il y en a un grand nombre dans l'année. — Ce sont : le 10 décembre, la translation de la maison de la sainte Vierge, les anges ayant transporté cettte maison de Nazareth à Lorette ; le 18 décembre, l'attente du divin enfantement de la sainte Vierge ; le 23 janvier, le mariage de la sainte Vierge avec saint Joseph ; le 24 mai, la fête de Notre-Dame auxiliatrice. — Nous invoquons la sainte Vierge dans cette fête sous le titre de secours des chrétiens, AUXILIUM CHRISTIANORUM. Le 9 juillet, la fête des prodiges de la sainte Vierge; le 16 du même mois, Notre-Dame du Mont-Carmel ou la fête du saint Scapulaire; le 5 août, la dédicace de Notre-Dame-des-Neiges à Rome; le dimanche après la Nativité, la fête du saint nom de Marie; le troisième dimanche de septembre, la fête des Sept-Douleurs de la sainte Vierge au pied de la Croix, qu'on a déjà célébrée le vendredi de la semaine de la Passion; le 24 septembre, Notre-Dame de la Merci. Puis les fêtes des quatre dimanches d'octobre, c'est-à-dire les fêtes du saint Rosaire, de la Maternité de la sainte Vierge, de la Pureté et du Patronage de la sainte Vierge. Elles sont pour la plupart célébrées par privilège du pape.

645. D. *Dans quels sentiments devons-nous célébrer les fêtes de la sainte Vierge?*

R. Avec les sentiments d'une tendre confiance dans la puissance de cette glorieuse reine des anges et des hommes, et d'un tendre amour pour notre bonne mère.

646. D. *Quelles sont les fêtes des anges?*

R. Ce sont : 1º les fêtes des trois archanges; saint Michel, qui vainquit l'ange rebelle (29 septembre); saint Gabriel qui annonça à Marie le mystère de l'Incarnation (18 mars); et saint

Raphaël qui conduisit Tobie (24 octobre); 2º la fête de tous les saints anges gardiens (2 octobre).

647. D. *Que doit-on demander dans ces fêtes?*

R. Il faut prier les saints anges de vouloir bien offrir à Dieu nos prières et de nous servir de guides pour le grand voyage du ciel.

648. D. *Combien l'Église romaine compte-t-elle d'ordre de saints?*

R. Le Bréviaire romain en compte cinq principaux : les Apôtres, les Martyrs, les Confesseurs, les Vierges et les saintes Femmes.

649. D. *Qu'entend-on lorsqu'on dit qu'on prend l'office au commun?*

R. Cela veut dire que lorsqu'un saint n'a pas d'office particulier, on prend pour célébrer sa fête, un office commun aux saints de son ordre; de là on dit le commun des Apôtres, des Vierges, etc.

650. D. *Qu'est-ce qu'un apôtre?*

R. L'Église a donné ce nom aux saints que Notre-Seigneur a lui-même envoyés prêcher l'Évangile, soit pendant sa vie mortelle, soit après sa résurrection, comme saint Paul qu'il appela à lui dans une vision, sur le chemin de Damas, et saint Barnabé.

651. D. *Quels sont les principaux d'entre les Apôtres ?*

R. Ce sont saint Pierre et saint Paul qui tous deux, à Rome, ont scellé de leur sang la foi de Jésus-Christ et que les saints docteurs ont appelés les deux colonnes de l'Église.

652. D. *Comment célèbre-t-on leur fête ?*

R. Avec grande solennité, le 29 juin.

653. D. *Qu'est-ce que les Martyrs ?*

R. Ce sont tous les saints qui ont versé leur sang et perdu leur vie pour témoigner leur foi en Jésus-Christ.

654. D. *Quels sont les saints martyrs honorés par l'Église d'une manière spéciale ?*

R. Ce sont saint Étienne, premier martyr ; et saint Laurent, diacre de l'Église romaine, qui fut brûlé vif.

655. D. *Qu'est-ce que les Confesseurs ?*

R. L'Église donne ce nom à tous les saints personnages, Évêques, Prêtres, Religieux, ou simples fidèles, qui sans avoir souffert jusqu'à la mort pour la foi, en ont pratiqué les vertus chrétiennes d'une manière héroïque pendant leur vie.

656. D. *Quels sont les saints Confesseurs que l'Église distingue dans son culte ?*

R. Ce sont saint Joseph, époux de la sainte

Vierge, saint Martin, dont la sainteté et les miracles eurent un grand éclat.

657. D. *Qu'est-ce que les Vierges?*

R. Ce sont les saintes qui ont consacré leur vie à Dieu dans la chasteté et qui ne se sont jamais engagées dans les liens du mariage. L'Église distingue dans ses offices les vierges et les vierges martyres.

658. D. *Quelles sont les saintes vierges les plus honorées par l'Église?*

R. Ce sont sainte Agnès, sainte Agathe, sainte Lucie et sainte Cécile, dont les noms se trouvent inscrits dans le Canon de la messe.

659. D. *Quelles sont les saintes que l'Église comprend sous le nom de saintes femmes?*

R. Ce sont celles qui se sont sanctifiées dans le saint état du mariage, ou les veuves, qu'elles aient souffert ou non le martyre.

660. D. *Quelle est la plus grande fête des saints?*

R. C'est la Toussaint ou fête de tous les saints, dans laquelle l'Église chante les louanges de l'Église triomphante réunie et l'invoque tout entière par les mêmes prières.

661. D. *Quelle solennité célèbre-t-on le lendemain de la Toussaint?*

R. C'est la commémoration des fidèles trépassés. Il n'y a de particulier que l'office des morts qu'on chante quelquefois tout entier le matin. (En beaucoup de pays, après l'Évangile de la grand'messe, un prêtre monte en chaire et recommande aux prières des fidèles un grand nombre de trépassés dont on lui a donné les noms ; ensuite on récite ou l'on chante le DE PROFUNDIS, ou bien l'on chante de suite l'offertoire qui est une très belle prière pour les morts.)

662. D. *Dans quels sentiments un chrétien doit-il assister à cette cérémonie?*

R. En pensant qu'il sera peut-être lui-même un jour retenu pour longtemps dans le purgatoire, et qu'il sera heureux alors que les fidèles de la terre prient pour lui, et dans cette pensée il doit prier avec ferveur pour tous les pauvres trépassés, et en particulier pour ses parents et amis défunts.

# APPENDICE I.

## Des principales cérémonies de quelques fonctions pontificales.

663. D. *Quelles sont les fonctions Pontificales auxquelles les fidèles peuvent avoir occasion d'assister?*

R. Ce sont : la Confirmation, l'office Pontifical, l'Ordination des Prêtres et des clercs, le sacre d'un Évêque, la consécration d'une Église ou la pose de sa première pierre, la consécration d'un autel, la bénédiction d'un cimetière, la bénédiction d'une cloche.

### § Ier.

### De l'office Pontifical.

664. D. *Qu'appelle-t-on office Pontifical?*

R. On appelle ainsi les offices où l'Évêque ou un prince de l'Église, ayant les privilèges épiscopaux, préside dans tout l'éclat de la majesté

10.

pontificale et revêtu de tous les ornements de son ordre.

665. D. *Que remarque-t-on de particulier à la messe pontificale?*

R. 1º Pendant que le chœur chante l'heure de Tierce, on revêt solennellement l'Évêque à son trône de tous les ornements de l'ordre épiscopal. 2º Il est entouré pendant toute la fonction, des chanoines ou d'un certain nombre de prêtres PARÉS, c'est-à-dire revêtus de chapes ou de chasubles qui viennent devant le trône réciter avec lui le GLORIA IN EXCELSIS et le CREDO après qu'il les a entonnés. 3º Outre le diacre et le sous-diacre de la messe, qui s'asseyent à la crédence avec les acolytes, il y a DEUX DIACRES ASSISTANTS qui s'asseyent au trône avec l'Évêque, et un prêtre assistant en chape auquel est confié le soin du livre, c'est lui qui indique à l'Évêque ce qu'il doit lire ou chanter et qui tient le bougeoir près du Pontife lorsqu'il se sert du livre. Il est inutile d'ajouter que, lorsque le Pape officie pontificalement, les fonctions dont nous venons de parler sont remplies par des cardinaux. — Alors les fonctions d'acolytes, de céroféraires, thuriféraires, que des prêtres ou des clercs remplissaient auprès de l'Évêque, sont remplies par des prélats de la cour romaine, protonotaires apostoliques, camériers ou autres.

666. D. *Pourquoi allume-t-on un septième cierge quand l'Évêque officie pontificalement ?*

R. C'est pour représenter la plénitude des sept dons du Saint-Esprit qu'il a reçue dans sa consécration et qu'il est chargé de répandre sur les prêtres et sur les fidèles, par l'Ordination et par la Confirmation.

667. D. *Qu'est-ce que la messe Pontificale* AU FAUTEUIL *et quelle particularité présente-t-elle ?*

R. On appelle ainsi la messe célébrée pontificalement par un Évêque dans une église ou dans une circonstance où il n'a pas le droit d'avoir un trône; comme par exemple, s'il célèbre devant l'évêque diocésain assistant pontificalement. — Il en est toujours ainsi pour un cardinal ou un évêque officiant devant le Souverain Pontife. — Dans cette circonstance, le cardinal ou l'évêque officiant use d'un fauteuil sans dossier qui imite assez un pliant à bras; ce fauteuil est placé sans aucune estrade sur un tapis au côté de l'épître, de manière à ce que l'évêque ait le visage tourné vers le peuple. Le prêtre assistant, le diacre et le sous-diacre s'asseyent à la banquette; les autres ministres restent debout près de l'officiant ou à la crédence; ils s'asseyent sur les dégrés de l'autel s'il y a prédication.

668. D. *Qu'appelle-t-on chapelle pontificale ?*

R. On dit qu'un évêque TIENT CHAPELLE lorsque, ne célébrant pas lui-même, il assiste en chape, en mitre et avec les autres insignes épiscopaux à un office célébré devant lui par un évêque ou un prêtre. Le Pape qui officie très rarement lui-même, tient au contraire très fréquemment chapelle papale.

669. D. *Quelles particularités présentent les vêpres pontificales ?*

R. Les fidèles n'ont guère à y remarquer que leur grande solennité, le capitule chanté devant l'évêque par le sous-diacre de la messe et la bénédiction qui les termine. Ils observeront aussi que, tandis que pour les vêpres solennelles, les prêtres sont revêtus seulement du surplis (ou, s'ils sont chanoines, du rochet) et de la chape, l'évêque revêt par dessus le rochet, l'amict, l'aube, le cordon, la croix pectorale, l'étole, la chape et la mitre.

## § II

### De la Confirmation.

670. D. *Comment doit-on recevoir l'évêque lorsqu'il visite une paroisse de son diocèse?*

R. A l'entrée de la ville ou au lieu où l'on doit recevoir le prélat, on prépare un prie-

Dieu sur un tapis. Le supérieur du lieu, revêtu d'une chape précieuse sur le surplis (ou le rochet, s'il est chanoine), va au-devant de l'évêque processionnellement ; arrivé près de lui, il lui présente à baiser le crucifix qu'il a dû apporter lui-même de l'église. Alors l'évêque se place sous le dais porté par les notables du lieu ; on se rend à l'église en chantant le cantique BENEDICTUS DOMINUS DEUS ISRAËL. « Béni soit le Dieu d'Israël QUI A VISITÉ SON PEUPLE. » Lorsqu'on est arrivé à la porte de l'église, le supérieur du lieu lui présente l'eau bénite et l'encens, puis le complimente, si c'est l'usage. Ensuite on se rend à l'autel où le Pontife s'agenouille pendant que le supérieur chante les versets et l'oraison pour l'évêque. On chante également l'antienne du patron de l'Église · après quoi l'évêque montant à l'autel donne la bénédiction solennelle.

671. D. *Comment doit-on se tenir sur le passage de l'évêque ?*

R. On doit se mettre à genoux pour recevoir sa bénédiction.

672. D. *Qu'y a-t-il de remarquable dans la cérémonie de la Confirmation ?*

R. Il y a quatre circonstances remarquables dans cette fonction : 1º L'EXAMEN que fait ordinairement l'évêque par lui-même ou par ses délégués, pour s'assurer que les confirmants ont la connaissance suffisante des premières vérités de la foi chrétienne. 2º L'IMPOSITION DES MAINS, par laquelle il fait descendre sur eux les sept dons du Saint-Esprit. 3º L'onction du saint Chrême, par laquelle il les marque au front du signe de la croix pour les empêcher de jamais rougir de Jésus crucifié. 4º Enfin la récitation à haute voix du CREDO, du PATER et de l'AVE MARIA, qui est comme l'initiation de ces nouveaux PARFAITS CHRÉTIENS à la prière publique.

§ III

### Des Ordinations.

673. D. *Quelle observation générale peut-on faire sur la cérémonie de l'ordination?*

R. On doit remarquer que la collation de chacun des saints ordres comprend : 1º LES MONITIONS, c'est-à-dire des avertissements dans lesquels l'évêque expose aux ordinands les devoirs que va leur imposer l'ordre qu'ils vont recevoir; 2º les ORAISONS, c'est-à-dire de longues prières que le Pontife adresse à Dieu pour que ceux qu'il va ordonner remplissent dignement leurs fonctions; 3º le VÊTURE, c'est-à-dire le moment où l'évêque revêt les clercs des ornements de leur ordre ; 4⁰ Enfin ce que l'on pourrait appeler l'INTRONISATION, c'est-à-dire le moment où l'évêque fait toucher à chaque ordinand les divers objets dont son ordre lui donne le droit et le devoir de se servir dans les fonctions du ministère de Jésus-Christ.

674. D. *Comment l'évêque confère-t-il la tonsure?*

R. Les nouveaux clercs étant à genoux devant lui en soutane, le Pontife leur coupe cinq mèches de cheveux en forme de croix; ensuite il les revêt lui-même du surplis. Enfin s'étant assis, il avertit les nouveaux tonsurés qu'ils font partie du clergé, et qu'ils doivent veiller à en garder les privilèges par des mœurs pures et une conduite édifiante.

675. D. *Quels sont les quatre ordres mineurs ?*

R. Ce sont les ordres de PORTIER, de LECTEUR, d'EXORCISTE et d'ACOLYTE.

676. D. *Comment se fait l'ordination des* PORTIERS*?*

R. Tous les clercs qui doivent recevoir cet ordre sont à genoux en surplis devant l'évêque qui, après la MONITION, leur fait toucher de la main droite les clefs de l'Église. Ensuite l'archidiacre les conduit à la porte de l'église qu'il leur fait ouvrir et fermer; puis il leur livre la corde des cloches qu'ils sonnent ou au moins une clochette qu'ils agitent. — Lorsqu'ils sont de retour, l'évêque lit une oraison où il demande à Dieu pour les nouveaux ordonnés les grâces nécessaires pour bien accomplir leurs nouvelles fonctions. — Ce que nous exposons une fois pour tous les ordres.

677. D *Comment se fait l'ordination des lecteurs?*

R. Les clercs qui doivent recevoir cet ordre étant placés comme nous l'avons dit nº 676 (ce que nous ne répèterons pas, vu que cela a lieu pour tous les ordres), l'évêque lit la monition, leur fait toucher le LIVRE DES LEÇONS et ensuite récite l'oraison convenable. (V. nº 676.)

678. D. *Comment se fait l'ordination des exorcistes?*

R. Après la MONITION, l'évêque fait toucher aux ordinands le livre des Exorcismes, et ensuite récite l'oraison pour ceux qui ont reçu cet ordre.

679. D. *Comment se fait l'ordination des acolytes?*

R. L'ordre des acolytes est le dernier et le plus grand des ordres mineurs, parce que ceux qui l'ont reçu approchent de plus près du saint autel pendant l'auguste sacrifice. Après la monition, l'évêque fait toucher aux acolytes un chandelier avec un cierge de cire pour leur apprendre qu'ils doivent porter et allumer les cierges dans l'église. — Ensuite il leur fait toucher une burette vide, pour leur apprendre qu'ils devront présenter le vin et l'eau aux ministres sacrés pour le saint sacrifice de la Messe. Puis il récite trois oraisons pour les nouveaux acolytes. — Cet ordre est le dernier pour lequel les clercs sont en surplis.

680. D. *Quels sont les trois ordres sacrés?*

R. Ce sont le sous-diaconat, le diaconat et la prêtrise.

681. D. *Quelles remarques générales peut-on faire relativement à ces trois ordres?*

R. 1º Les ordinands sont revêtus de l'amict, de l'aube et du cordon, et c'est sur ces vêtements que l'évêque doit leur mettre les ornements de leur ordre respectif. — 2º Ils doivent tous communier. — 3º Tous les clercs de ces trois ordres font la prostration ; c'est-à-dire que, sur l'ordre de l'archidiacre, tous se prosternent la face contre terre sur des tapis et y restent pendant tout le temps de la récitation des litanies des Saints. — On retrouve du reste cette imposante cérémonie dans toutes les consécrations des personnes au service de Dieu ; dans le sacre des évêques, des rois et des reines, dans la bénédiction des abbés, des abbesses et des vierges, et également à la bénédiction de la première pierre d'une église, à la dédicace, à la bénédiction d'un cimetière par l'évêque.

**682. D.** *Comment se fait l'ordination des sous-diacres ?*

R. L'Évêque commence par une première MONITION dans laquelle il rappelle aux futurs sous-diacres les obligations qu'ils vont contracter. — Il la termine par ces mots : ET SI VOUS PERSÉVÉREZ DANS VOTRE BON DÉSIR DE VOUS CONSACRER A DIEU, AU NOM DU SEIGNEUR, AVANCEZ. A ce moment tous les sous-diacres font un pas vers l'autel pour marquer la volonté de consommer leur sacrifice. (Si les sous-diacres sont tous religieux, l'évêque omet cette première monition puisqu'ils ont déjà fait leurs vœux.) On appelle alors ceux qui vont être ordonnés diacres et prêtres et on fait la prostration dont il a été parlé au n° 681. Après la prostration, l'évêque dans une seconde monition expose aux nouveaux sous-diacres les fonctions de leur ordre ; ensuite il leur fait toucher le calice vide avec la patène, les burettes pleines d'eau et de vin ; il les revêt de l'amict, du manipule et de la tunique, enfin il leur fait toucher le livre des épîtres en leur conférant le droit de chanter l'épître au saint sacrifice de la Messe.

**683. D.** *Comment se fait l'ordination des diacres ?*

R. On doit remarquer trois choses dans l'ordination des diacres : 1º Ils sont présentés à l'Évêque par l'archidiacre avec une certaine solennité, parce qu'ils vont recevoir l'imposition des mains. 2º Le moment où l'évêque leur impose les mains est précédé d'un avertissement aux futurs diacres, d'une préface que le Pontife termine après l'imposition. 3º Il leur impose seul une main sur la tête en disant à chacun : RECEVEZ LE SAINT-ESPRIT ; QU'IL SOIT VOTRE FORCE POUR RÉSISTER AU DÉMON ET A SES TENTATIONS. — L'Évêque ensuite revêt les diacres de l'étole et de la dalmatique, et leur donne le pouvoir de chanter l'Évangile, en leur faisant toucher le livre qui le contient, ou le missel.

**684. D.** *Comment se fait l'ordination des prêtres ?*

R. Les prêtres sont comme les diacres, présentés solennellement à l'Évêque par l'archidiacre. Il y a également deux MONITIONS, une au clergé et au peuple, l'autre aux ordinands. Lorsque le Pontife les a terminées, il impose les deux mains sur la tête de chaque ordinand, et tous les prêtres présents le font de même après lui ; ensuite les mêmes prêtres étendent tous la main droite sur les ordinands, ainsi que l'évêque qui en même temps récite une oraison par laquelle il demande au Dieu tout-puissant de multiplier ses dons sur ceux qu'il a appelés à son sacerdoce. Après cela il chante une préface qui exprime les mêmes demandes, puis procède à la vêture des nouveaux prêtres, laquelle a lieu avant la consécration des mains. Pour cela, le Pontife leur croise l'étole sur la poitrine et leur met la chasuble qui reste pliée dans sa moitié, jusqu'à la fin de la messe. Alors on chante le VENI CREATOR pendant lequel l'Évêque consacre les mains de chaque ordinand. Il fait l'onction en forme de croix à l'intérieur des mains avec l'huile des catéchumènes, puis il fait toucher le calice contenant du vin et la patène avec une hostie, donnant alors à chaque prêtre le pouvoir de célébrer le saint sacrifice de la Messe. Lorsque tous les ordinands ont purifié l'huile de leurs mains et qu'ils les ont lavées, l'évêque commence les prières de l'oblation que tous ces nouveaux prêtres récitent à haute voix en même temps que lui, ainsi que tout le reste de la messe. Enfin après la communion, on commence la dernière cérémonie de l'ordination des prêtres, que l'on pourrait appeler la MISSION. Les nouveaux prêtres debout devant le Pontife récitent le Symbole des Apôtres, cette profession de la foi qu'ils vont enseigner aux peuples. Ensuite, chacun d'eux vient s'agenouiller devant l'Évêque qui lui donne le pouvoir de remettre les péchés, lui déplie sa chasuble, reçoit sa promesse d'obéissance et lui donne le baiser de paix. L'ordination terminée, il est d'usage de reconduire l'évêque à son domicile ou au moins à la sacristie ; cette procession se fait au chant du TE DEUM que l'Évêque entonne au bas de l'autel.

## § IV

### De la Consécration d'un Évêque.

685. D. *Quelles sont les choses les plus remarquables dans la consécration d'un évêque, jusqu'à la messe ?*

R. Il faut remarquer : 1º la PRÉSENTATION solennelle de l'élu. Les deux évêques assistants (qui sont nécessaires) revêtus de chapes et de la mitre simple, amènent l'élu qui est en chape blanche avec la barette et le présentent au consécrateur ; celui-ci fait lire les lettres apostoliques qui permettent de procéder à la consécration. 2º Après cette lecture, l'élu prête un serment particulier de fidélité à la sainte Église. 3º Il subit ce que le pontifical romain appelle l'EXAMEN. Le consécrateur interroge l'élu sur la foi ; à chaque question il se lève, se découvre et répond : CREDO, « je le crois », ou si la question suppose la volonté de pratiquer une vertu, il répond : VOLO, « je le veux ». 4° L'examen terminé, l'élu se prosterne la face contre terre à la gauche du consécrateur et l'on commence les litanies des Saints (V. n° 681). — 5° La prostration terminée, le consécrateur commence une longue préface qu'il interrompt vers le milieu, pour entonner le VENI CREATOR. Pendant qu'on le chante, il fait sur la tête de l'élu une onction en forme de croix avec le Saint-Chrême, ensuite il étend l'onction sur le reste de la tonsure. Le consécrateur continue la préface, puis lorsqu'elle est terminée, il fait l'onction des mains de l'élu avec le Saint-Chrême ; on attache les mains du nouveau consacré avec une longue serviette, et avant qu'il ait purifié ses mains, le consécrateur lui fait toucher la crosse, lui met l'anneau, lui fait toucher le livre des évangiles et lui donne le baiser de paix, ce que font également les évêques assistants.

686. D. *Quelles sont les particularités de la messe dans la consécration d'un évêque?*

R. La consécration terminée, le nouveau consacré se retire à la chapelle qui lui a été préparée ; on lui purifie la tête et les mains et il continue la messe jusqu'à l'offertoire. — C'est à ce moment qu'a lieu l'offrande. Le consacré suivi d'acolytes, va se mettre à genoux devant le consécrateur et lui offre deux flambeaux de cire allumés, deux petits pains et deux petits barils de vin dont l'un est doré et l'autre argenté ; il en est de même des pains. Après l'offrande, le consacré se place au côté de l'épître devant son missel qu'on y a apporté et continue la messe avec son consécrateur. On met deux hosties et une quantité double de vin dans le calice pour la communion des deux évêques. Le nouveau consacré reçoit la communion debout, des mains de son consécrateur et sous les deux espèces ; on continue la messe comme de coutume, et l'évêque consécrateur donne seul la bénédiction au peuple à la fin.

**687. D.** *Comment se fait l'*INTRONISATION *du nouvel évêque?*

R. Avant le dernier évangile, le consécrateur assis sur son fauteuil et aidé des évêques assistants, met la mitre au nouveau consacré, puis les gants et l'anneau. Cela étant fait, le consécrateur prend le consacré par la main droite, le premier évêque assistant le prend par la main gauche, et on l'intronise en le faisant asseoir dans le fauteuil que vient de quitter le consécrateur, ou même sur le trône pontifical s'il a été sacré dans sa cathédrale. Alors le consécrateur, tête nue au coin de l'évangile, entonne le TE DEUM. Lorsque l'hymne est commencée, le nouveau consacré, placé entre les deux évêques assistants, tous mitrés, parcourt l'église, bénissant le peuple. Lorsqu'il est de retour, l'hymne étant terminée, il donne solennellement la bénédiction au peuple. Cette auguste fonction se termine par la cérémonie des ADIEUX. Le consécrateur et les évêques assistants étant tous au côté de l'évangile avec leurs mitres, le nouveau con‑ sacré va se placer au côté de l'épître avec la mitre et la crosse ; il fait trois génuflexions vers le consécrateur en avançant de quelques pas à chaque génuflexion et en chantant cha‑ que fois plus haut : AD MULTOS ANNOS, « lon‑ gues années ». Après la troisième génuflexion, le consécrateur le relève, lui donne le baiser de paix, ainsi que les évêques assistants, on récite le dernier évangile et tous se retirent en paix.

## § V

### De la consécration des églises.

688. D. *Quelles sont les principales cérémo‑ nies de la bénédiction de la première pierre d'une église ?*

R. La veille du jour où a lieu cette bénédiction, on plante une croix à l'endroit où sera l'autel de la nouvelle église. — On remarquera ensuite la bénédiction de l'eau, la bénédiction solennelle de la pierre qui doit être carrée ; la récitation des litanies, l'imposition de la première pierre par l'évêque dans les fondations qu'il a aspergées à trois reprises, pendant le chant des antiennes et des psaumes que l'Église romaine a si sagement appliqués à cette cérémonie. La fonction se termine par le chant du VENI CREATOR et la bénédiction de l'évêque.

689. D. *Quelles sont les cérémonies les plus remarquables dans la consécration d'une église?*

R. On commence cette consécration par la récitation des Psaumes de la Pénitence. Les fidèles devront ensuite remarquer : 1º Les triples aspersions d'eau bénite faites par l'évêque, en dehors de l'église et en dedans, tant sur les murailles que sur le cimetière ou la terre des fondations et le pavé de l'interieur. 2º La porte de l'église fermée qui s'ouvre au signe de croix fait par l'évêque avec sa crosse et au cri trois fois répété du peuple : OUVREZ, OUVREZ, OUVREZ. — 3º L'alphabet grec et latin tracé sur de la cendre jetée en croix dans l'église pour marquer l'union des églises, latine et grecque. 4° Les cinq croix faites fréquemment sur l'autel à consacrer pour rappeler les cinq plaies de Notre-Seigneur; les reliques des saints placées dans l'autel ; l'encensement pres que continuel de l'autel qui représente Jésus-Christ. 5° La procession des reliques au dehors de l'église et l'entrée du peuple à la suite de l'évêque, lorsqu'il a fait sur la porte l'onction du Saint-Chrême. La consécration des douze piliers en l'honneur des douze apôtres, colonnes de l'église. 7° Enfin le saint sacrifice célébré sur l'autel nouvellement consacré, pour nous rappeler que notre vie chrétienne ne peut subsister, ni être parfaite, sans l'immolation de l'auguste victime de nos autels.

690. D. *Quelles sont les cérémonies les plus remarquables de la bénédiction d'un cimetière?*

R. On place quatre croix aux extrémités du cimetière, et une plus grande au milieu. Au moment de la bénédiction, trois cierges brûlent devant chacune de ces cinq croix. On récite les litanies des Saints, les Psaumes de la Pénitence et d'autres avec leurs antiennes. Entre ces psaumes, l'évêque chante de longues oraisons, puis il bénit et encense successivement les cinq croix du cimetière et la terre, et termine en donnant sa bénédiction au peuple.

Après quoi, de retour à l'église, il célèbre le saint sacrifice, ou le fait célébrer par un prêtre.

691. D. *Qu'y a-t-il à dire de la bénédiction des cloches?*

R. On en a parlé au n° 48. — Il suffit d'observer que cette bénédiction est une de celles qui sont réservées aux évêques. Un prêtre peut cependant la faire avec l'autorisation expresse de l'ordinaire.

# APPENDICE II

## Du chant ecclésiastique (1).

1. D. *Qu'est-ce que le chant?*

R. Une série de sons divers dont l'ensemble plaît et sert à exprimer ou à exciter les mouvements de l'âme.

2. D. *Pourquoi le chant est-il employé dans les offices de l'Église?*

R. Afin de mettre en relief les vérités exprimées par les paroles liturgiques, et d'exciter dans les âmes des sentiments correspondants : prière, joie, sainte tristesse, suivant les circonstances.

3. D. *Un chant quelconque réalise-t-il cette fin ?*

R. Celui qui étouffe les paroles sous le fracas des sons, celui qui excite les passions plus que les sentiments de l'âme, ne saurait être appelé un chant religieux.

---

(1) Ce chapitre a été lu au Congrès de Musique religieuse tenu à Rodez, du 22 au 25 Juillet 1895.

4. D. *L'Église a-t-elle un chant qui lui soit propre?*

R. L'Église nous présente dans ses livres liturgiques des mélodies superposées aux textes liturgiques. Leur ensemble constitue le chant Grégorien.

5. D. *Pourquoi l'appelle-t-on chant Grégorien?*

R. Parce que saint Grégoire I le Grand, pape de 590 à 604, donna aux chants de la basilique pontificale, une forme qui est restée définitive.

6. D. *Comment ce chant a-t-il été successivement adopté dans presque toute l'Église latine?*

R. Par le désir bien naturel d'imiter l'Église mère, et aussi à cause de sa valeur intrinsèque.

7. D. *A quoi faut-il attribuer cette valeur?*

R. L'Église de Rome a été comme le confluent naturel de l'art Juif, Grec et Romain. Saint Grégoire, outre une assistance particulière du Saint Esprit, avait reçu, à Rome, le bienfait de l'éducation la plus distinguée. Il était admirablement préparé à recueillir les plus pures conceptions que l'art musical antique avait inspirées aux chrétiens des premiers siècles.

8. D. *Qui introduisit cette forme de chant en France?*

R. Ce furent Pépin et Charlemagne. Ils firent venir des maîtres de Rome. Charlemagne se servit, en particulier, de la diffusion de cette musique sacrée pour adoucir peu à peu les mœurs barbares des nouveaux convertis. La liturgie, dans sa pensée, était le moyen le plus efficace de civilisation.

9. D. *Le chant Grégorien se conserva-t-il en France?*

R. Non seulement il se conserva, mais il s'enrichit. On a pu reconstituer dans ces derniers temps les trésors artistiques que renferment nos bibliothèques, au point de vue musical. L'œuvre Grégorienne s'est conservée intacte jusqu'au XV⁰ siècle. De plus, une riche floraison de proses, d'hymnes, d'antiennes et de répons s'y ajouta, remplissant nos vieilles cathédrales du moyen-âge, de guirlandes sonores aussi splendides que leurs dentelles de pierre et leurs étincelants vitraux.

10. D. *Notre plain-chant actuel nous donne-t-il une idée vraie de ce chant de l'Église?*

R. S'il est exécuté avec goût, avec piété et par des voix bien formées, s'il n'est pas noyé dans un accompagnement qui détruise son caractère, il conserve encore d'admirables beautés. On peut le comparer à nos belles Églises ogivales, déparées, sans doute, par le vandalisme des révolutions, mais grandes et fières encore au milieu des productions trop souvent mesquines de l'art moderne.

11. D. *Comment l'Église a-t-elle pu laisser se perdre pour un temps, le riche trésor qu'elle avait formé ?*

R. L'Église ne peut rien perdre de ses richesses doctrinales. Mais dans les moyens qu'elle emploie pour conduire les âmes à Dieu, elle ne peut agir efficacement qu'en se pliant aux conditions des temps.

12. D. *Comment ces conditions furent-elles modifiées ?*

R. Le développement de la musique polyphone ou à plusieurs voix simultanées, fit perdre peu à peu le rythme libre du chant Grégorien. Il devenait ainsi un corps sans âme.

13. D. *Où cette perte de rythme est-elle plus sensible ?*

R. Dans certains morceaux : les Graduels et les Alleluias, par exemple, où l'expression des sentiments devenait prépondérante.

14. D. *Expliquez-nous ce point ?*

R. Dans ces morceaux, un mot provoque les élans de l'âme, mouvements pieux de prière, de joie, de confiance, d'humilité, d'amour. La mélodie s'affranchit alors des entraves de l'articulation : elle ne conserve que l'élément le plus délié du mot, la voyelle aux timbres variés. De là des séries quelquefois fort longues où doit s'épancher le souffle de l'âme, comme un artiste en exprime l'ébranlement sur les cordes de son violon, ou dans les vibrations tantôt douces, tantôt puissantes de l'orgue. Ces vocalises donc perdirent leur rythme.

15. D. *Quel fut le résultat de ce changement d'exécution ?*

R. Lourdement chantées, les groupes étant désagrégés en une épellation solennelle ; ces longues files de notes sans cohésion inspiraient l'ennui et le dégoût.

16. D. *Que fit alors l'Église ?*

R. Ces mélodies ne réalisant plus leur fin, l'Église dut les supprimer et chercher ailleurs un moyen d'élever les âmes. De là sortirent les éditions de chant où nombre de pièces abrégées ont perdu ce qu'elles renfermaient de plus artistique. Et encore le plus souvent ces abréviations furent-elles accomplies au hasard des coups de ciseaux par des artistes qui manquaient du sens Grégorien, alors généralement perdu. Espérant donner aux offices une vie nouvelle, on se jeta dans la musique polyphone.

17. D. *Quel inconvénient en résulta-t-il ?*

R. Un inconvénient contre lequel n'a cessé de protester l'autorité ecclésiastique, les abus de la musique polyphone. Trop souvent il n'y avait plus d'autre différence entre la musique dite d'Église et la musique profane que celle du goût personnel du compositeur ou de l'auditeur, dès lors nulle garantie contre l'invasion du théâtre à l'Église. Invasion d'autant plus à redouter que la musique moderne, grâce à ces incomparables ressources d'harmonie et d'instrumentation, agit puissamment sur les sens, excelle à rendre et à exciter les passions et par conséquent prête sans cesse à la confusion entre le vrai sentiment religieux, et une vague sentimentalité, plus apte à faire des dilettanti que des chrétiens.

18. D. *Quels sont les avantages du chant Grégorien bien exécuté ?*

R. I. La garantie qu'il est certainement religieux.

II. La certitude qu'il ne nuira pas au texte avec lequel, de par l'autorité de l'Église, il est étroitement uni.

III. La facilité d'exécution, même dans les

plus humbles paroisses, puisque le seul instrument nécessaire est la voix humaine.

IV. Enfin il devient populaire partout où il est bien chanté, ce qui ne saurait convenir à la musique savante.

19. D. *Peut-on espérer la renaissance du vrai chant Grégorien ?*

R. Puisqu'il est un des trésors de l'Église Romaine, on peut bien espérer qu'elle saura l'utiliser le jour où une intelligente exécution lui aura rendu la vertu qu'il possédait dans les siècles de foi.

Aujourd'hui notre siècle a de nouveau compris et admiré l'architecture, la littérature et tous les autres arts du moyen-âge ; le souverain Pontife a remis sa philosophie en honneur, pourquoi l'art musical serait-il seul méconnu ? Il vient d'être retrouvé, il suffit de le faire connaître.

20. D. *Quelle conduite tenir en attendant une approbation positive ?*

R. Rien n'empêche d'abord d'appliquer la bonne méthode aux livres de chant usuels. On peut aussi exécuter un choix de morceaux empruntés aux anciens livres liturgiques, tout comme on le fait des productions de la musique moderne.

21. D. *Quel est le principe générateur des*

*règles d'exécution qui permettraient de donner au chant Grégorien tout son prix ?*

R. Les textes du chant liturgique étant généralement en prose latine, les règles d'exécution, appliquées à Solesmes d'abord, sont empruntées aux règles de la lecture du latin.

23. D. *Quels sont les avantages de cette méthode ?*

R. Elle est la plus logique, la plus simple ; très facile pour les morceaux peu ornés, et la seule vraiment efficace pour révéler les beautés des mélodies plus compliquées des manuscrits.

24. D. *Pourriez-vous nous indiquer les plus importantes de ces règles ?*

R. On distingue les règles générales, et les règles particulières.

Voici celles que plusieurs grands séminaires ont adoptées :

## I. RÈGLES GÉNÉRALES

Les **Chants liturgiques** consistent en un ensemble de textes latins mélodiquement exprimés pour *louer Dieu, éclairer et toucher les âmes.*

De la nature et du but de ces chants résulte

l'obligation de *bien prononcer* le latin, de chanter *correctement* et *religieusement*.

1° **Bien prononcer le latin.** Pour cela :

*a*) Donner leur vrai *timbre* aux voyelles ;
*b*) *Articuler* nettement les consonnes ;
*c*) Conserver l'unité des mots par une *accentuation* exacte et bien marquée.

*d*) *Phraser* grammaticalement, c'est-à-dire grouper les mots d'un membre de phrase, et séparer entre eux les membres de phrase, de façon à mettre en relief le sens du texte chanté.

2° **Chanter correctement.** Pour cela :

*a*) Suivre les *règles propres à chaque sorte* de chant ;
*b*) Se conformer aux *usages particuliers* des lieux où l'on chante ;
*c*) *Ne pas chanter de mémoire*, mais suivre exactement sur le livre les textes et les notes qu'on exécute ;
*d*) Veiller à l'*ensemble* : regarder le signal d'attaque, écouter les autres, garder l'impulsion donnée sans retard ni précipitation.
*e*) Bien gouverner sa *voix* : la modérer ; ne jamais pousser le souffle, le retenir plutôt ; varier la force et l'allure de la voix suivant les exigences des morceaux.

*f*) *Respirer à propos :* respiration rapide aux petites barres, ample aux grandes barres et aux médiantes ; respiration profonde ou abdominale pour emmagasiner plus de souffle.

*g*) *Adoucir les finales* et les prolonger légèrement pour que l'arrêt de la voix se fasse sans secousse.

### 3° **Chanter religieusement.** Pour cela :

*a*) Se *recueillir* avant de commencer, afin de faire naître dans l'âme des sentiments pieux en rapport avec la fête qu'on célèbre et le texte liturgique qu'on va chanter.

*b*) Exécuter le chant comme une *louange* et une *prière*.

*c*) Éviter tout ce qui pourrait paraître *heurté, prétentieux,* d'un *sentimentalisme* de mauvais goût.

## II. RÈGLES PARTICULIÈRES

### 1° **Récitation simple et psalmodie.** Les prières dites en communauté et les diverses parties de l'office divin doivent être dites avec ensemble et correction. Pour cela :

Commencer tous à la fois ; — prendre le même ton ; — s'écouter les uns les autres, — suivre le même mouvement ; — distinguer les mots par une bonne accentuation ; — séparer les membres de phrase ; — dans les psaumes, marquer la médiante par un temps de silence ; — réciter d'un seul trait chaque demi-verset.

2° **Récitation solennelle.** Elle se présente dans le chant des versets, des oraisons, de l'épitre, de l'évangile, des leçons. Il faut :

Observer les règles de la lecture : accentuation, groupement des mots, séparation des membres de phrase ; — donner à la voix plus d'ampleur et prendre une allure moins rapide que dans la simple récitation ; — chanter les versets d'un seul trait, sans suspension de voix au milieu ; — adoucir les finales dans les chutes des versets et des leçons ; — pour les mots hébreux, faire la chute à l'avant-dernière syllabe.

3° **Chant des Psaumes.** La beauté des Psaumes dépend d'abord de l'ensemble, puis de la bonne exécution des médiations et des finales.

*a)* Pour assurer *l'ensemble :* — attaquer tous à la fois ; — chanter chaque demi-verset d'un seul trait ; — bien marquer les syllabes accentuées ; — suspendre la voix et respirer profondément à la médiante ; — commencer chaque verset dès que l'autre chœur a terminé le verset précédent, sans précipitation cependant.

*b)* Pour assurer la *bonne exécution des médiations et des finales :* apprendre les particularités de chaque mode du plain chant ; — noter, sur le livre de chant, les principales fautes à éviter dans les psaumes usuels ; — marquer les syllabes sur lesquelles doit être faite l'*élévation* qui précède la syllabe accentuée : 1° dans la médiation du 3ᵉ et du 7ᵉ mode, du 1ᵉʳ mode grégorien, du 5ᵉ mode solennel ; 2° dans les finales du 7ᵉ et du 5ᵉ mode ; — se rappeler que l'élévation susdite se fait sur la 2ᵉ syllabe avant la dernière syllabe accentuée, à moins qu'elle ne soit fin de mot ou pénultième brève.

4° **Chants syllabiques.** On appelle ainsi les morceaux où chaque syllabe n'a généralement qu'une note : Hymnes, proses, préface, *Pater*, etc... Pour les bien exécuter :

Suivre les règles de la lecture : allure assez vive, accentuation exacte ; groupement des mots guidé par le sens : ne pas respirer entre deux syllabes d'un mot ni même entre deux mots que le sens unit ; donner aux notes une valeur sensiblement égale en temps ; varier leur intensité suivant les règles de l'accentuation.

5° **Chants ornés et neumés.** Ces chants se rencontrent dans les antiennes, introïts, etc... où une même voyelle passe souvent par une série de sons. Cette série s'appelle *groupe, formule* ou *neume.*

a) Pour *conserver l'unité de la voyelle* il faut,

afin de rendre la formule en une seule émission de voix, marquer plus vivement la première note et couler les autres, tout en donnant à chacune sensiblement la même durée.

*b)* Pour *conserver l'unité du mot,* il faut : unir intimement à la syllabe suivante d'un même mot la dernière note de la précédente ; ne pas prolonger cette note ; ne jamais respirer quand on va proférer une syllabe d'un mot commencé (règle d'or).

6° **Séries de groupes et vocalises**. Dans les *Kyrie,* les Graduels, les *Alleluias;* une même voyelle se prolonge en séries quelquefois fort longues de neumes successifs.  Pour marquer le rythme, qui en fait la beauté, il faut :

Distinguer les groupes par une légère attaque de la 1re note de chaque formule ; prolonger la dernière de chaque groupe ; mais cette prolongation doit être peu sensible entre les groupes unis, plus marquée entre les groupes isolés ; — ralentir le dernier groupe pour préparer le repos ; — donner à toutes les notes une durée sensiblement égale.

Dans les livres bénédictins, les formules sont groupées suivant les justes proportions du rythme. Dans les livres, où les notes se suivent à égale distance, les groupes doivent être prévus d'avance et marqués.

———◆◆◆———

12

## RÈGLES POUR L'ACCENTUATION

1° **Nature de l'accent.** Les mots trouvent leur unité dans l'*accent*, centre et âme du mot. — Dans le *français*, la dernière syllabe porte l'accent, à moins qu'elle ne soit muette. — Dans le *latin*, la syllabe finale est toujours adoucie ; il en est de même de la pénultième, si elle est brève prosodiquement. Mais l'accent ne recule jamais au-delà de l'antépénultième.

La syllabe accentuée est à la fois une syllabe d'appui et une élévation : elle ne doit pas être prolongée.

2° **Place de l'accent.** *a*) Les *monosyllabes* sont accentués, sauf les prépositions et les conjonctions, et quelques pronoms relatifs.

*b*) Dans les mots de *deux syllabes*, l'accent est toujours sur la première. Cependant le mot *Jésus* et les mots hébreux indéclinables : *Jacób, Joséph, Amén...* sont accentués sur la dernière syllabe.

*c*) Dans les mots de *plus de deux syllabes*, l'accent est sur la pénultième lorsqu'elle est longue, et sur l'antépénultième lorsque la pénultième est brève.

*d*) Les particules *que, ne, ve,* à la fin des mots, attirent l'accent sur la syllabe qui les précède. Exemple : *armáque, pluítne.*

3° **Valeur de la pénultième.** *a)* Une diphtongue est toujours longue et par conséquent accentuée. Ex. : œ dans Judœa.

*b)* Une voyelle suivie d'une autre voyelle est presque toujours brève. Ex. : spiritui, gloria. — Il y a exception pour certains mots tirés de l'hébreu ou du grec. Ex. : *Maria, platéa, bravium, prophetia, litania...*

*c)* Une voyelle suivie d'une consonne double (x, z), ou de deux consonnes dont la seconde n'est pas *l,* ou *r,* est toujours longue. Ex. : *baptizo, crucifixus, dedistis.*

*d)* Les infinitifs des verbes ont tous la pénultième longue sauf ceux de la 3ᵉ conjugaison, amáre, monére, audíre, mais on dit : légere.

*e)* Les imparfaits indicatifs des verbes actifs ont tous la pénultième longue : amábam, monébant, legébant.

*f)* De même la 3ᵉ personne du pluriel de tous les parfaits indicatifs des verbes actifs : amavérunt, legérunt.

# TABLE DES MATIÈRES

### TROISIÈME PARTIE.

*Des fêtes de l'Église, ou l'année liturgique.*

# TABLE DES MATIÈRES

*N. B. On se rendra facilement compte, par cette table, de l'importance des matières développées dans ce catéchisme, et ces quelques pages donneront une idée exacte du volume, étant tirées sur le même papier et dans le même format.*

# EXTRAIT DE LA PRÉFACE

On peut l'avérer, l'ignorance de la Liturgie est, chez presque tous les croyants des diocèses, complète.

Et pourtant cette question ne saurait être d'une vaine importance pour les catholiques.

Ils ne soupçonnent guère le durable enchantement et la persistante émotion qu'ils éprouveraient à suivre l'au jour le jour admirable de l'Église, ceux qui, pour n'avoir pas tenté un léger effort, demeurent ignorants de la science des prières et des rites, car il faut pourtant bien qu'ils l'apprennent : il n'existe aucune monotonie dans les œuvres de notre Mère. Tout chez elle a un sens ; rien n'est laissé à l'imprévu ; aucun détail, si minime qu'il soit, n'est inutile. Ah ! l'Église ! elle a su résumer des symboles entiers dans un signe, et elle a su développer aussi dans les plus éloquentes proses, le moindre geste du Fils que nous ont conservé les Évangiles. Elle est immuable et elle est variée ! Voyez son

*Propre du Temps, la surprenante diversité de ses séquences et de ses hymnes et songez à cette possibilité qu'elle nous donne, si nous la comprenons, de vivre avec elle, minutes par minutes, la vie du Christ, de marcher à ses côtés, de devenir, si misérables que nous soyons, les compagnons diligents d'un Dieu!*

*Puis, n'est-elle pas, l'admirable Liturgie, l'âme des édifices consacrés qui ne seraient sans elle que des corps inanimés de pierre? N'est-elle pas encore l'encens mélodique et le parfum vocal de l'Eglise même; n'est-elle pas enfin pour Notre-Seigneur l'écho de sa propre voix?*

*Aussi, quelle puissance elle peut départir à nos prières, en nous prêtant, dans la plupart de ses offices, les paroles inspirées par Dieu même. Elle sait extraire du Psautier tous les accents de nos douleurs et de nos joies, de nos adorations et de nos craintes : elle sait enrober, en quelque sorte nos souhaits personnels dans les vœux que formula pour l'humanité tout entière le Roi David; elle nous fait parler au Tout-Puissant sa langue, traduit magnifique-*

ment nos pensées, les épure par ses moyens d'expression, exhausse, agrandit par son verbe, nos plaintes. Enfin elle touche Jésus en lui rappelant les phrases mêmes dont celui qui le préfigura dans l'Ancien Testament, se servit. Et à nos oraisons ainsi présentées, s'allie forcément, virtuellement, un amour, un respect infinis que nos suppliques particulières, énoncées selon nos seules ressources, dans notre pauvre langage, ne sauraient atteindre !

Mais alors, direz-vous, si la prière liturgique est si influente, si forte auprès de Dieu, pourquoi tant de Chrétiens se privent-ils d'y participer utilement, alors qu'ils n'auraient qu'à ouvrir un livre qui les renseignerait, avant de se rendre à la Messe ou aux Vêpres ?

Ils seraient, en une seconde, instruits sur les symboles, sur le sens, sur le but des offices qu'ils vont suivre.

Ici, nous devons bien en faire l'aveu : les fidèles sont presque excusables de ne rien savoir ; car les volumes qui traitent de la Liturgie sont pour la plupart, de gros livres bordés de manchettes, bourrés de renvois et de notes, difficiles à comprendre et, qui plus est, ils valent fort cher.

D'autre part, les quelques abrégés qui traitent de cette science sont si indigents qu'ils ne valent même point qu'on les lise.

Ce qu'il faudrait, ce serait un petit ouvrage de format commode, coûtant très bon marché, écrit dans un style lucide et presque naïf, et contenant et expliquant par le menu, très clairement, très nettement, les cérémonies de l'Église, divulguant chacune de leurs allégories, chacun de leurs emblèmes, définissant les termes techniques, indiquant les causes et le sens des antiennes et des proses prescrites, à certains jours, publiant la signification même des objets qui servent aux besoins du culte ; il faudrait, en un mot, un livre très substantiel et très court, permettant au lecteur de trouver, en une minute, la réponse aux questions qu'il voudrait résoudre.

Or, ce livre existe ; c'est celui-ci.

La nouvelle édition que nous en donnons a été revue par le savant professeur de Liturgie et de plain-chant du grand sémi-

*naire de Saint-Sulpice. Il y a ajouté un petit catéchisme de plain-chant qui manquait dans les éditions précédentes et dont la nécessité s'impose maintenant que les Bénédictins ont ressuscité cette véritable musique de l'Église, si malheureusement altérée parfois par de fausses notations et, plus malheureusement encore, si souvent remplacée, dans tant d'églises, en France, par de la musique de théâtre et des chants profanes.*

*Ce petit livre est donc aussi complet qu'il peut être. Tel qu'il se présente, il me paraît, en tous cas, amplement suffire aux besoins des personnes qui, n'ayant ni le désir, ni le temps de se livrer à des études spéciales sur la Liturgie, veulent au moins être assez renseignées pour pouvoir intelligemment suivre des offices auxquels l'Église leur enjoint d'assister.*

J. K. HUYSMANS.

N. B. Ces quelques pages étant tirées sur le même papier et dans le format même du volume, elles en donneront une idée exacte, de plus, par cet extrait de la table, on se rendra facilement compte de l'importance des matières qui y sont traitées.

# EXTRAIT DE LA TABLE DES MATIÈRES

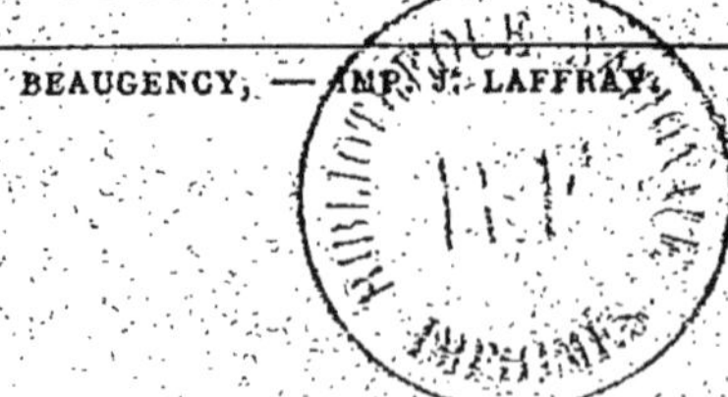

9 782019 976699